Duden

SMS
Schnell-Merk-System

Englisch
Vokabeltrainer

5. bis 10. Klasse

Duden Schulbuchverlag
Berlin · Mannheim · Leipzig · Wien · Zürich

Inhaltsverzeichnis

1 Vokabeln richtig lernen

Das A und O einer Sprache: Vokabeln!

Vokabeln lernen heißt, die Wörter einer Sprache so zu verinnerlichen, dass sie jederzeit aus dem Gedächtnis wiedergegeben und richtig angewendet werden können. Vokabeln richtig lernen heißt vor allem, sich durch realistische Lernziele selbst zu motivieren. Deshalb sollte man drei Grundregeln beachten, wenn man Vokabeln lernen will:

- den Lernstoff **in Portionen teilen!** 8–12 Vokabeln pro Lerneinheit sind genug! (1)
- Vokabeln, die untereinander **Ähnlichkeiten und Zusammenhänge** aufweisen, werden leichter und besser im Gedächtnis verankert. Deshalb sind die Vokabelportionen in diesem Band bestimmten Themen zugeordnet. (2)
- **Lernzeiten festlegen und einhalten!** Es ist wichtig, regelmäßig Vokabeln zu lernen – am besten eine kleine Einheit täglich – und nach jeder Lernphase eine Pause einzulegen! (3)

(1) leg, thigh, knee, shin, foot, barefoot, toe, toenail, tiptoe, heel

(2) shopping, to do one's shopping, shopping list, shopping bag, shopping basket, supermarket, self-service, shopping centre, to shop, to go shopping

(3) 20–30 Minuten tägliche Wortschatzarbeit (inklusive Wiederholungsphasen) sind genug!

Verschiedene Lernmethoden

Vokabelkartei:
Eine der besten Methoden, um Vokabeln zu lernen, ist die Arbeit mit einer **Vokabelkartei.**

Man braucht:
– einen Karteikasten (z. B. einen leeren Schuhkarton),
– passende Karteikarten,
– Trennkarten.

Vorbereitung:
■ Den Karteikasten mit den Trennkarten – die ein wenig über die Karteikarten nach oben herausragen sollen – in **drei Fächer** unterteilen.
■ Auf jede Karteikarte vorne die deutsche Bedeutung einer Vokabel, hinten das englische Wort schreiben.
■ Die Karteikarte in das erste Fach stellen.

Wichtig:
– die Karteikärtchen fehlerfrei beschriften,
– wichtige Angaben, wie z. B. zugehörige Präpositionen oder unregelmäßige Pluralformen, ebenfalls auf die Kärtchen schreiben.

Das erste Fach:
Man nimmt nun eine Karte aus Fach 1 und liest das deutsche Wort laut vor. Wie heißt die Vokabel auf Englisch?
■ Wer es weiß, stellt die Karte in Fach 2.
■ Wer es nicht weiß, schaut sich die Karte nochmals an und stellt sie als hinterste Karte zurück in Fach 1.

Tipp:
– Sprich die Wörter laut aus! So werden mehrere Sinne am Lernprozess beteiligt und man behält die Vokabel besser im Gedächtnis.
– Mache nach 15 – 20 Minuten am besten eine kurze Pause von etwa fünf Minuten.

Das zweite Fach:
Sind etwa zehn Vokabeln in Fach 2, kann man seine Rechtschreibkenntnisse prüfen. Wer weiß noch alle Vokabeln?

Tipp:
Vokabeln, die man sich nicht so leicht merken kann, lernt man am besten gesondert. Etwa, indem man sie mehrmals abschreibt, zur „Haftvokabel“ (↑ S. 7) macht oder auf Kassette spricht (↑ S. 7).

Verschiedene Lernmethoden

Sind alle Vokabeln auch richtig geschrieben?

- Nicht gewusste Vokabeln wandern zurück in Fach 1.
- Falsch geschriebene Vokabeln bleiben in Fach 2.
- Gewusste und richtig geschriebene Vokabeln kommen in Fach 3.

Das dritte Fach:
Nimm dir von Zeit zu Zeit die Kärtchen aus Fach 3 und prüfe, ob du sie noch immer kennst und richtig schreiben kannst.

- Nicht gewusste Vokabeln wandern zurück in Fach 1.
- Falsch geschriebene Vokabeln kommen in Fach 2.
- Die Kärtchen mit den gewussten Vokabeln werden aussortiert.

Beachte:
Bevor du dich mit dem dritten Fach beschäftigst, lasse ruhig drei Tage vergehen. Wenn du die Vokabeln dann immer noch kannst, wiederhole sie erst wieder eine weitere Woche später, um sie fest im Langzeitgedächtnis zu verankern.

Vokabelheft:
Die Vokabeln werden am besten in ein Vokabelheft geschrieben. Nachdem man die ersten fünf Vokabeln gelesen hat, sollte man die Augen zumachen und die Vokabeln leise wiederholen. Dann die nächsten fünf Vokabeln lesen, wieder die Augen zumachen und auch diese aus dem Gedächtnis wiederholen.

Wichtig:
– Achte darauf, beim Abschreiben der Vokabeln keine Fehler zu machen. Vielleicht kann ein Freund oder eine Freundin von dir kontrollieren, ob du wirklich alle Vokabeln richtig abgeschrieben hast.
– Lerne auf keinen Fall mehr als eine ganze Vokabelseite im Heft auf einmal!

Haftvokabeln:
Schwierige Vokabeln kann man auch gut auf Haftnotizzettel schreiben, die man zu Hause aufklebt. Immer, wenn einem ein solcher Zettel ins Auge fällt, sollte man die Vokabel laut vor sich hin sprechen.

Tipp:
– Klebe die Zettel an Stellen, die gut zu der Vokabel passen, z. B. "chair" an einen Stuhl.
– Wende neues Wissen so oft wie möglich an: Wenn du ein Fenster siehst, denke an "window".

Schleichvokabeln:
Das Buch (oder das Vokabelheft) sollte so weit vom Schreibtisch entfernt liegen, dass man aufstehen muss, um ein paar Vokabeln zu lesen, die man auf dem Rückweg zum Schreibtisch nicht wieder vergessen darf! Die Vokabeln dann aus dem Gedächtnis heraus noch mal aufschreiben und so das Tagespensum bei 2–3 Lernportionen à 8–12 Vokabeln einrichten.

Beachte:
– Je weiter das Buch bzw. Heft vom Schreibtisch weg liegt, desto schwieriger wird die Aufgabe.
– Die Gedächtnisleistung lässt sich kontinuierlich steigern: Je weniger Schleichgänge man benötigt, um eine immer gleiche Anzahl von Vokabeln (z. B. jeweils eine ganze Seite aus dem Vokabelheft) zu schreiben, desto besser.

Vokabelkassetten:
Man kann seine Lernvokabeln auch auf Kassette sprechen, zuerst das deutsche, dann – mit einigen Sekunden Abstand – das englische Wort. Später hört man die Kassette wieder an und sagt die Vokabeln in den Pausen laut vor sich hin.

Wichtig:
– Sprich bei der Aufnahme langsam und deutlich.
– Ergänze die Kassettenmethode mit anderen Lernmethoden – z. B. der Schleichvokabel-Methode –, damit du die Vokabeln nicht nur sprechen, sondern auch schreiben lernst.

Den Wortschatz strukturieren

Die Wörter einer Sprache lassen sich ordnen und strukturieren, sodass man sie leichter behalten und richtig anwenden kann.

Begriffe einem Wortstamm zuordnen

Wortbildungselemente, z. B. Präfixe (= Vorsilben) und Suffixe (= Nachsilben), machen aus einem Wort ein neues Wort – der Wortstamm aber behält seine Bedeutung auch in den verschiedenen Zusammensetzungen bei.

		Präfix *im-, in-, un-*	→	neues Wort, z. B. Adjektiv
Wortstamm	+	**Suffix** *-ness, -ment, -or, -ly*	→	neues Wort, z. B. Substantiv oder Adverb

		Präfix *un-*	→	unkind (Adjektiv)
kind	+	Suffix *-ness*	→	kindness (Substantiv)
		Suffix *-ly*	→	kindly (Adverb)

Wortzusammensetzungen erkennen

Neue Wörter können auch durch die Zusammensetzung zweier oder mehrerer Wörter gebildet werden: Die Bedeutung solcher Komposita (compound words) lässt sich häufig leicht herleiten.

	1. Wort	2. Wort		
Wortstamm (dt. zeichnen)	draw ing	board	→	drawing board
	Endung *-ing* zur Substantivierung	dt. Brett	→	Zeichenbrett

Bedeutungszuordnungen treffen

Auch Synonyme – also Worte, die mit einem anderen Wort begriffsgleich sind und dasselbe bedeuten – und Antonyme (Gegensätze) helfen, Vokabeln zu ordnen und zu behalten.

damp – moist – humid als Synonyme für das Adjektiv „feucht"
fire ↔ *water* oder *small* ↔ *tall* als Gegensatzpaar (Antonym)

Wissen verknüpfen

Um die einzelnen Wörter mit vorhandenem Wissen zu verknüpfen, werden sie am besten thematisch geordnet. Oberbegriffe bezeichnen die verschiedenen Aspekte eines Themas, Unterbegriffe können z. B. Adjektive zu einem Substantiv sein. Ein gutes Mittel, ein thematisches Wortfeld anschaulich zu gestalten, ist eine Mindmap.

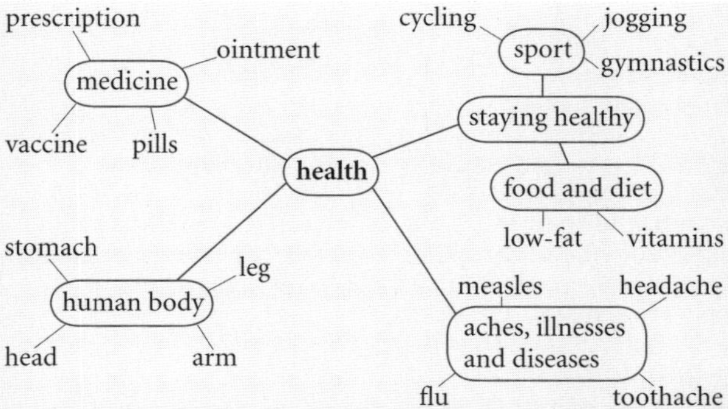

Aktiv mit Wörtern umgehen

Nicht nur Wörter und Vokabeln, sondern alles Wissen bleibt besser im Gedächtnis verhaftet, je abwechslungsreicher damit umgegangen wird. Es ist daher sinnvoll, insbesondere Wörter, bei denen das Behalten schwerer fällt, auf ganz unterschiedliche Weise zu lernen, um sie so am Ende sicher zu beherrschen.

Vokabelspiele

Lernen kann auch Spaß machen! Die folgenden Spiele können mehrere Schüler gemeinsam spielen, z. B. in einer Freistunde vor der nächsten Klassenarbeit.

Vokabelquiz:
Die Vokabelkarten werden auf einen Stapel gelegt. Der erste Mitspieler liest die deutsche Seite vor. Weiß sein linker Nachbar die Übersetzung, bekommt er die Karte, weiß er sie nicht, wird der nächste Mitspieler gefragt. Wer die meisten Karten gesammelt hat, gewinnt.

Varianten:
– umgekehrte Sprachrichtung: Die englische Seite wird vorgelesen und die deutsche erraten.
– Derjenige, der zuerst die richtige Übersetzung gerufen hat, bekommt die Karte.
– Alle schreiben die Übersetzung auf einen eigenen Zettel und am Ende erhält jeder für jede richtige Vokabel einen Punkt.

Vokabelgalgen:
Von einer Vokabel wird nur der Anfangsbuchstabe auf ein Blatt / an die Tafel geschrieben, alle anderen Buchstaben werden durch Striche markiert. Die Mitspieler raten nun Buchstaben. Treffer werden an den richtigen Stellen eingetragen, kommt ein genannter Buchstabe nicht in der Vokabel vor, wird nach und nach ein „Galgenmännchen“ gemalt.
Wird die Vokabel nicht erraten, hängen die Verlierer symbolisch am Galgen.

Varianten:
– Zwei Mitspieler verschlüsseln gleichzeitig eine Vokabelkarte und raten abwechselnd.
– Anstelle des Galgens werden andere Bilder gezeichnet. Die Ratenden dürfen (je nach Bild) weniger oder mehr raten.

Vokabel-Kim:
Zehn Vokabelkarten werden ausgewählt und mit der englischen Seite nach oben auf den Tisch gelegt. Die Mitspieler haben nun zwei Minuten Zeit, sich diese zehn Vokabeln gut einzuprägen. Dann werden die Vokabelkarten zugedeckt und jeder schreibt auf, welche Vokabeln er sich merken konnte. Wer die meisten Vokabeln behalten und richtig geschrieben hat, gewinnt.

Variante:
Es wird nicht nur die englische Vokabel, sondern auch ihre deutsche Bedeutung aufgeschrieben.

Wiederholen und erinnern

Richtig wiederholen:
Damit sich gelernte Vokabeln erfolgreich und wirklich dauerhaft im Gedächtnis verankern, muss man sie immer wieder wiederholen. Hierzu einige Tipps:

- **In sinnvollen Zeitabständen wiederholen!**
Merke: Je neuer der Lernstoff ist, desto kürzer sollten die Abstände sein, in denen man sich mit dem Gelernten befasst! (1)
- **Den Lernstoff systematisch wiederholen!**
In vielen Unterrichtsfächern baut der Lernstoff eines neuen Kapitels auf vorangegangenen Themen auf. Deshalb sollte man diese Reihenfolge auch beim Wiederholen einhalten. (2)

(1) Für das Lernen mit der Vokabelkartei gilt: Wiederhole Vokabeln aus Fach 1 am besten täglich, diejenigen aus Fach 2 jeden zweiten Tag und die anderen Vokabeln mindestens einmal pro Woche!

(2) Wiederhole z. B. erst die Vokabeln der Unit 3 und 4, bevor du dich mit Unit 5 beschäftigst.

Wiederholen und erinnern

Den gleichen Lernstoff auf eine andere Art wiederholen! Jede Lernmethode verlangt einen besonderen Umgang mit dem Stoff – Vokabeln, die man auf unterschiedliche Weise lernt, bleiben besser im Gedächtnis.

- Arbeitsblätter ausfüllen
- Vokabelspiele (↑ S. 10 f.) spielen
- Vokabelrätsel, z. B. Kreuzworträtsel oder Buchstabengitter, erfinden und lösen
- am Computer lernen

Richtig erinnern:
Fällt dir gerade nicht ein, wie die Bedeutung einer Vokabel lautet? Dann versetze dich zurück in die Situation, in der du sie gelernt hast. Dieses gedankliche Zurückversetzen erleichtert das Erinnern!

Hast du gemeinsam mit Freunden gelernt? Dann erinnere dich daran, worüber ihr gemeinsam gelacht oder euch gewundert habt.

Eselsbrücken:
Laut Wörterbuch sind Eselsbrücken ein „bequemes Hilfsmittel für den Einfältigen und Trägen zum besseren Verständnis einer Sache oder zur leichteren Überwindung einer Schwierigkeit". Zum Glück aber sind wir weder einfältig noch träge, sondern clever – und nutzen Eselsbrücken dazu, uns Vokabeln (und Wissen) wirksam einzuprägen.

I after e except after c – die Wörter "receive" und "receipt" werden ohne hörbares [aɪ] gesprochen.

2 BASISWORTSCHATZ
Häufige Situationen

Begrüßung und Verabschiedung (Hello and goodbye)

to greet [griːt]	begrüßen
She greeted her friends with a smile.	
greeting [ˈgriːtɪŋ]	Begrüßung
to welcome [ˈwelkəm]	begrüßen, willkommen heißen
The children welcomed their grandmother.	
to hold out one's hand to welcome sb	jdn. begrüßen
welcome [ˈwelkəm]	Begrüßung, Willkommen
Welcome!	Herzlich willkommen!
Welcome in Germany!	
Good morning! [gʊdˈmɔːnɪŋ]	Guten Morgen!
Good morning, darling.	
Good afternoon! [gʊdˈaːftəˈnuːn]	Guten Tag!
Good evening! [gʊdˈiːvnɪŋ]	Guten Abend!
Good evening, Mr Miller.	
Good night! [gʊdˈnaɪt]	Gute Nacht!
good night kiss	Gutenachtkuss
Hello! [həˈləʊ]	Hallo!
Hi! [haɪ] **Hi there!** [haɪ ðeə(r)]	Hallo! Grüß dich!

Aufgepasst: Die richtige Begrüßung
Die beiden englischen Begrüßungsformeln **"How do you do?"** und **"How are you?"** werden unterschiedlich angewendet:
- **"How do you do?"** wird verwendet, wenn man seinen Gesprächspartner nicht kennt, also für ein erstes Zusammentreffen. Die Antwort darauf lautet ebenfalls "How do you do?".
- **"How are you?"** spricht man eine Person an, der man schon einmal begegnet ist oder die man gut kennt. Eine solche Begrüßung erfordert eine ausführlichere Antwort, z. B. "I'm fine, thanks."

goodbye [ˌgʊd'baɪ]	Abschied, Lebewohl
Goodbye!	Auf Wiedersehen!
to say [seɪ], said [sed], said [sed]	sagen
to say goodbye to sb	sich von jdm. verabschieden
Mother left without saying goodbye.	
Bye! [baɪ] **Cheerio!** ['tʃɪərɪˌəʊ]	Tschüss! Ciao!
See you tomorrow!	Bis morgen!
See you later!	
Good luck! [ˌgʊd 'lʌk]	Viel Glück!
regards [rɪ'gaːdz]	Grüße
Give Sarah my regards.	
with kind regards/kindest regards (als Briefschluss)	mit freundlichen Grüßen
to send sb one's regards	jdn. grüßen lassen
Have fun! [həv fʌn]	Viel Vergnügen!
Have a nice day! [həv ə nəɪs deɪ]	Einen schönen Tag!

Sich vorstellen (Introducing oneself)

name [neɪm]	Name
My name is Peter.	
first name	Vorname
last name/surname	Nachname
middle name	zweiter Vorname
to put one's name down	sich anmelden, jdn. vormerken
name tag [neɪm tæg]	Namensschild
to name [neɪm]	benennen, nennen
She was named after her grandmother.	
to call [kɔːl]	nennen, rufen
They decided to call their new dog "Bello".	
to spell [spel], spelt [spelt]/spelled [speld], spelt [spelt]/spelled [speld]	buchstabieren
How do you spell your name?	
letter ['letə(r)]	Buchstabe
My name is spelt with the letter "k" at the beginning.	

to live [lɪv]	leben
My friend Lily lives in London.	
from [frɒm]	aus
She's from England.	
address [ə'dres]	Adresse, Anschrift
Is that your home address?	
to address sb	jdn. ansprechen
to address sth	etwas adressieren
name and address	Name und Anschrift
old [əʊld]	alt
How old are you?	
age [eɪdʒ]	Alter
What's her age?	
birth [bɜːθ]	Geburt
date of birth	Geburtsdatum
place of birth	Geburtsort
birthday ['bɜːθdeɪ]	Geburtstag
My birthday is January, 27th.	
to be born [bɔːn]	geboren werden
I was born in London, but I now live in Hamburg.	

Bitte und Dank (Please and thanks)

please [pliːz]	bitte/ bitte schön
Yes, please.	Ja, bitte.
No, please.	Bitte nicht!
My pleasure. [maɪ 'pleʒə(r)]/ **Not at all.** [ˌnɒt ət'ɔːl]/**You're welcome.** [jʊə(r) 'welkəm]	Bitte, gern geschehen.
request [rɪ'kwest]	Bitte
at sb's request	auf jemandes Bitte hin
to make a request to sb	sich mit einer Bitte an jdn. wenden

Aufgepasst: Der deutsche Ausdruck „jemanden (um etwas) bitten" wird mit der Vokabel "to ask" übersetzt:

to ask sb for sth – jemanden um etwas bitten

I have a (great) favour to ask you. – Ich habe eine (große) Bitte an dich.

thanks [θæŋks]/**thank you** [θæŋk ju]	danke / danke schön
Thank you very much./Thanks a lot.	Vielen Dank.
Thank you, same to you.	Danke gleichfalls!
No, thank you./No, thanks.	Nein, danke!
to say thank you	sich bedanken
He said thank you for the present.	
to accept sth with thanks	etwas dankend annehmen
She accepted the flowers with thanks.	
to decline sth with thanks	etwas dankend ablehnen
thankful ['θæŋkfl]	dankbar
Mother was thankful I didn't get hurt in the accident.	

Sich entschuldigen (Excusing oneself)

Sorry! ['sɒrɪ]/**Excuse me!** [ɪk'skju:z mi]	Entschuldigung!
Sorry, it wasn't meant like that.	
I'm (so/very) sorry (about it)!	Das tut mir (sehr) leid!
excuse [ɪk'skju:z]	Entschuldigung
What's your excuse for being late again?	
That's no excuse!	
to excuse [ɪk'skju:s] **sth/sb**	etwas / jdn. entschuldigen
The girl excused herself for being late.	
Excuse me, ...?	Entschuldigen Sie, ...?
Excuse me, is this the way to the station?	
to apologize [ə'pɒlədʒaɪz] **to sb**	sich bei jdm. entschuldigen
Mother: "Go and apologize yourself to your sister for being so nasty."	
apology [ə'pɒlədʒɪ]	Entschuldigung
The little girl accepted her sister's apology.	

Am Telefon (On the phone)

telephone ['telɪfəʊn]/**phone** [fəʊn]	Telefon
Susan answered the phone.	
mobile phone ['məʊbaɪl fəʊn] (BE), **cell (cellular) phone** ['sel fəʊn] (AE)	Handy
(tele)phone box ['telɪfəʊn bɒks] (BE), **booth** [bʊːð] (AE)	Telefonzelle
(tele)phone number ['telɪfəʊn'nʌmbə(r)]	Telefonnummer
Can you give me your telephone number, please?	
payphone ['peɪfəʊn]	Münztelefon
cardphone ['kaːdfəʊn]	Kartentelefon
phonecard ['fəʊnkɑːd]	Telefonkarte
(tele)phone book ['telɪfəʊn bʊk]	Telefonbuch
to (tele)phone ['telɪfəʊn]	telefonieren, anrufen
I'll phone you tomorrow.	

call [kɔːl]	Anruf
Mum, wait, I'll answer the call in my room.	
local call	Ortsgespräch
long-distance call	Ferngespräch
to call [kɔːl]	anrufen
This injury looks bad. We'd better call an ambulance immediately.	
to dial ['daɪəl]	wählen
In case of an emergency, dial 111.	
to dial a wrong number	sich verwählen
to ring [rɪŋ], rang [ræŋ], rung [rʌŋ]	klingeln
to answer ['ɑːnsə(r)] **the phone**	ans Telefon gehen
Peter, please go and answer the phone.	
to hang up [ˌhæŋ 'ʌp], hung [hʌŋ], hung [hʌŋ]	auflegen
receiver [rɪ'siːvə(r)]	Telefonhörer
to lift the receiver	den (Telefon)hörer abnehmen
to replace the receiver	den (Telefon)hörer auflegen

line [laɪn]	Leitung
The line is busy.	Es ist besetzt.
connection [kə'nekʃn]	Verbindung, Leitung, Anschluss
The connection was very bad.	
message ['mesɪdʒ]	Nachricht
Can I leave a message?	
answering machine ['ɑːnsərɪŋ mə,ʃiːn]	Anrufbeantworter
fax machine ['fæks mə,ʃiːn]	Faxgerät
to fax [fæks]	faxen, zufaxen
I'll fax you the report tomorrow.	

Aufgepasst: Useful phrases for telephoning

"Hello, this is ... speaking. May I please speak/talk to ...?"
"Hello/Hi, it's ... . I would like to talk to ..., please."
"Please hold the line./Please hold on for a minute."
"Please try again later."
"Please leave your name and number."
"Can I take a message?"
"Can I please leave a message?"
"Thanks for calling. Bye-bye."

Wegbeschreibung (Where to go)

way [weɪ]	Weg
Can you tell me the way to the station, please?	
Dad is on his way to work.	
by the wayside	am Weg, am Wegesrand
both ways	in beide Richtungen
path [pɑːθ]	Pfad, Wald- bzw. Wanderweg
turn [tɜːn]	Wegbiegung, Kurve
Watch out, there's a sharp turn ahead in the road.	
to turn [tɜːn]	abbiegen
to turn around	wenden, umdrehen
to turn right	rechts abbiegen
to turn left	links abbiegen
straight on [streɪt ɒn]	geradeaus

street [striːt]	Straße
My school is just across the street.	
road [rəʊd]	Straße
She was walking along the road.	
road map	Straßenkarte
motorway ['məʊtəweɪ] (BE), **freeway** ['friːweɪ] (AE)	Autobahn
one-way street [wʌnweɪ striːt]	Einbahnstraße
dead-end [ˌded'end]	Sackgasse
crossing ['krɒsɪŋ]	Kreuzung
The accident happened because the car did not stop at the crossing.	
to cross [krɒs]	überqueren
The little girl crossed the street at the traffic light.	
roundabout ['rəʊndəˌbaʊt] (BE), **traffic circle** ['træfik ˌsɜːrkl] (AE)	Kreisverkehr

direction [dɪ'rekʃn]	Richtung
in all directions	in alle Richtungen
to change direction	die Richtung ändern / wechseln
the opposite direction	die entgegengesetzte Richtung
the four points of the compass ['kʌmpəs]	die vier Himmelsrichtungen
north [nɔːθ]	Nord(en)
Sweden is in the north of Europe.	
northbound	in nördliche Richtung
All roads leading northbound are very busy.	
south [saʊθ]	Süd(en)
Munich is in the south of Germany.	
west [west]	West(en)
We're waiting for warmer weather from the west.	
east [iːst]	Ost(en)
The sun rises in the east.	

BASISWORTSCHATZ

3 Meinungen äußern

✓ Zustimmen (Agreeing)

yes [jes]	ja
to nod [nɒd]	nicken
Without saying anything, he nodded his head.	
to agree [ə'gri:]	zustimmen, einwilligen
I quite agree with him.	
agreement [əgri:mənt]	Einverständnis
Mother nodded in agreement.	
to consent [kən'sent] / **assent** [ə'sent]	zustimmen, etwas billigen
She consented to his travel plans for the summer.	
consent/assent [kən'sent/ə'sent]	Einwilligung
You need a written consent.	
to give one's consent	seine Einwilligung geben
to refuse one's consent	seine Einwilligung verweigern
to approve [ə'pru:v]	gutheißen, genehmigen
Mother didn't approve of my new haircut.	
approval [ə'pru:vl]	Beifall, Zustimmung
to meet with general approval	allgemeine Zustimmung finden

Aufgepasst: Useful phrases in agreeing

"That's (quite) right/true." – „Das stimmt."
"Yes, you're right. I entirely agree." – „Ja, du hast recht. Ich stimme dir vollkommen zu."
"Yes, indeed." – „Ja, in der Tat."
"All right!" – „Einverstanden!"
"Exactly!" / "Absolutely!" – „Ganz genau!"
"Definitely!" – „Ganz bestimmt!"
"That's my view exactly." / "I'm with you there." – „Ich bin ganz deiner Meinung."

Widersprechen (Disagreeing)

no [nəʊ]	nein, keine
No, I don't like fish.	
I have no idea.	
to shake [ʃeɪk] **one's head**	den Kopf schütteln
to disagree [ˌdɪsə'griː]	nicht übereinstimmen, nicht einverstanden sein
She disagrees with her mother.	
disagreement [ˌdɪsə'griːmənt]	Unstimmigkeit, Uneinigkeit
against [ə'genst]	gegen, dagegen, wider
We all were absolutely against his plans.	
contrary ['kɒntrərɪ]	gegenteilig, im Gegensatz zu
to contradict [ˌkɒntrə'dɪkt]	widersprechen
She always contradicts her father.	
contradiction	Widerspruch, Widerrede

to doubt [daʊt]	zweifeln, bezweifeln, anzweifeln
The mother has no reason to doubt her daughter's story.	
doubt [daʊt]	Zweifel, Bedenken
There is some doubt about the costs for the new school auditorium.	
when in doubt	im Zweifelsfall
doubtful ['daʊtfl]	unsicher, zweifelhaft, ungewiss
doubtless ['daʊtləs]	zweifellos
to bother ['bɒðə]	ärgern, stören
That doesn't bother me.	Das interessiert mich nicht.
to annoy [ə'nɔɪ]	ärgern, aufregen, belästigen
It really annoys me to have so much homework.	
to get annoyed	sich aufregen
to stand [stænd], stood [stʊd], stood [stʊd]	ausstehen, aushalten
I can't stand loud music.	

Stellung nehmen (Taking position)

to tell [tel], told [təʊld], told [təʊld]	sagen, berichten, mitteilen, erzählen
The children tell me some news about school.	
to say [seɪ], said [sed], said [sed]	sagen, sprechen
He does not say what he thinks.	
opinion [əˈpɪnjən]	Meinung, Ansicht
This is my opinion.	
It is a matter of opinion.	Das ist Ansichtssache.
in my opinion	meiner Meinung nach
attitude [ˈætɪtjuːd]	Einstellung, Haltung
I like your attitude towards learning.	
attitude of mind	Geisteshaltung
fact [fækt]	Tatsache, Umstand
facts and figures	Fakten und Zahlen
according [əˌkɔːdɪŋ] **to**	entsprechend, gemäß, laut
According to her teachers, Linda is a very good pupil.	

to concern [kənˈsɜːn]	betreffen, angehen
This does not concern you.	
concern [kənˈsɜːn]	Sorge, Besorgnis, Anliegen
How many boys I kiss is none of your concern.	
a look of concern	ein besorgter Blick
concerning	bezüglich, betreffs
She asked several questions concerning school.	
to remark [rɪˈmɑːk]	bemerken, feststellen
He remarked how beautiful I looked.	
remark [rɪˈmɑːk]	Bemerkung
to convince [kənˈvɪns]	überzeugen
Maybe I can convince my mother to buy me a new pair of jeans.	
convinced	überzeugt
convincing	überzeugend

to comment ['kɒment]	kommentieren, eine Meinung äußern
comment ['kɒment]	Kommentar, Bemerkung, Stellungnahme
She made a nice comment on my good grades.	
point of view ['pɔɪntəv'vjuː]	Standpunkt
to insist [ɪn'sɪst] **(on sth)**	beharren, bestehen auf
She insisted on her point of view.	
to persuade [pə'sweɪd]	überreden
Can you persuade Sarah to come with us?	
persuasion [pə'sweɪʒn]	Überredung
Kids have a great power of persuasion.	

Aufgepasst: Think, believe or ...?
Im Englischen gibt es zahlreiche Wörter, die du verwenden kannst, um eine Meinung auszudrücken:
to think – denken, glauben, meinen
to believe – glauben
to be under the impression of... – unter dem Eindruck stehen, dass...
to reckon – glauben, meinen
to be of the opinion that ... – der Meinung sein, dass ...

Argumentieren und erörtern (Arguing and discussing)

to discuss [dɪ'skʌs] **sth**	diskutieren, argumentieren
The girls discuss their school problems.	
discussion [dɪ'skʌʃn]	Diskussion
argument ['ɑːgjəmənt]	Argument, Diskussion, Streit
This is a good argument.	
They had an argument about this point yesterday.	
argumentation	Beweisführung, Argumentation
to acknowledge [ək'nɒlɪdʒ]	anerkennen, eingestehen
The principal refuses to acknowledge our need for a bigger classroom.	

to explain [ɪk'spleɪn]	erklären
Can you explain the rules of the game, please?	
explanation [ˌeksplə'neɪʃn]	Erklärung
explicable [ɪk'splɪkəbl]	erklärbar
↔ inexplicable	unerklärlich
a strange but explicable situation	
explicit [ɪk'splɪsɪt]	deutlich, eindeutig
She gave me an explicit explanation.	

to mention ['menʃn]	erwähnen
Hanna is mentioned in the paper today.	
mention ['menʃn]	Erwähnung
to object [əb'dʒekt]	einwenden, Einwände haben
If nobody objects, we'll write a maths test tomorrow.	
objection [əb'dʒekʃn]	Einwand
I have no objection.	
to change [tʃeɪndʒ] **one's mind**	seine Meinung ändern, es sich anders überlegen
I've changed my mind.	
to interrupt [ˌɪntə'rʌpt]	unterbrechen, ins Wort fallen
She interrupted them with a bad remark.	
interruption [ˌɪntə'rʌpʃn]	Unterbrechung
to pretend [prɪ'tend]	vorgeben, täuschen
He pretended to be rich.	

to propose [prə'pəʊz]	vorschlagen, einbringen
Sarah proposed a new seating order for her class.	
proposal [prə'pəʊzl]	Vorschlag
to suggest [sə'dʒest]	vorschlagen
Anne suggests that we go out for dinner.	
suggestion [sə'dʒestʃən]	Vorschlag
That's a wonderful suggestion.	

to report [rɪ'pɔːt]	berichten über
She reports her accident to the police.	
report [rɪ'pɔːt]	Bericht
Is this newspaper report really true?	
to consider [kən'sɪdə(r)]	überlegen, nachdenken über
The family is considering buying an own house.	
to point [pɔint] **out sth / to hint** [hint] **at sth**	auf etwas aufmerksam machen / hinweisen

Befürworten (Supporting)

to support [sə'pɔːt]	unterstützen, befürworten
She supports her daughter's plan to become a teacher.	
support [sə'pɔːt]	Unterstützung
idea [aɪ'dɪə]	Meinung, Ansicht
The old lady has some very strange ideas.	
according to his / her idea	seiner / ihrer Meinung nach
to think [θɪŋk], thought [θɔːt], thought [θɔːt]	denken
Let's think about an alternative.	
I think (that) mother is home.	

Aufgepasst: The many uses of "think"
Zahlreiche englische *phrases* enthalten das Wort "think":

- **to act without thinking** – unüberlegt handeln
- **Think again!** – Denk noch einmal nach!
- **It makes you think.** – Es macht einen nachdenklich.
- **Now let me think!** – Lass mich mal überlegen.
- **It's a good idea, don't you think?** – Findest du nicht auch, dass das eine gute Idee ist?
- **Just think that ...** – Stell dir bloß mal vor, dass ...
- **What do you think?** – Was meinst du? / Was ist denn deine Meinung?
- **I think so.** – Ich glaube schon.
- **I should think so!** – Das will ich aber auch gemeint haben!

thought [θɔ:t]	Gedanke, Denken, Überlegung
modern thought	modernes Denken
after much thought	nach reiflicher Überlegung
to understand [ˌʌndəˈstænd], understood [ˌʌndəˈstʊd], understood [ˌʌndəˈstʊd]	verstehen, begreifen
I don't understand what you mean.	
understanding [ˌʌndəˈstændɪŋ]	Kenntnis, Verständnis
Some teachers have no understanding of teenage problems.	
on the understanding that	unter der Voraussetzung, dass …
sympathy [ˈsɪmpəθɪ]	Verständnis, Sympathie, Mitgefühl
Mother expressed her sympathy for Kate's boyfriend.	
to be in favour of [ɪn ˈfeɪvə(r) əv]	dafür sein, für etwas sein
to be fond of [fɒnd əv] **sb/sth**	jdn. / etwas gerne mögen
He is very fond of her idea.	

Ablehnen (Refusing)

to oppose [əˈpəʊz]	ablehnen, entgegenstellen
I oppose his idea of moving.	
opposed	dagegen
opposing	gegnerisch, gegensätzlich
to refuse [rɪˈfju:z]	ablehnen, sich weigern
She refused to accept his excuse.	
refusal [rɪˈfju:zl]	Ablehnung, Zurückweisung
to object [əbˈdʒekt]	dagegen sein, Einwände erheben, Anstoß nehmen
The people object to the new prison in their neighbourhood.	
objection [əbˈdʒekʃn]	Einwand
to resist [rɪˈzɪst]	sich widersetzen, sich wehren, widerstehen
She could not resist eating another ice cream.	
to interfere [ˌɪntəˈfɪə(r)]	sich einmischen

Bedauern (Regretting)

Sorry! ['sɒri]	Entschuldigung!
I'm so sorry.	Es tut mir so leid.
to apologize [ə'pɒlədʒaɪz]	sich entschuldigen
Jim apologized for being late.	
apology [ə'pɒlədʒi]	Entschuldigung
to pardon ['pɑːdn]	verzeihen, vergeben
Pardon (me)!	Verzeihung! Entschuldigung!
to regret [rɪ'gret]	bedauern
I regret having left school without an exam.	
regret [rɪ'gret]	Bedauern
to my regret	zu meinem Bedauern
regrettable	bedauerlich
regretful	bedauernd
pity ['pɪti]	Mitleid, Mitgefühl
That's a pity!	Das ist schade!
to feel bad [fiːl bæd] **(about sth)**	ein schlechtes Gewissen haben (wegen etwas)
She felt so bad about hurting his arm.	

Sich freuen (Being happy)

glad [glæd]	froh, erfreut
I'm glad to meet you.	
happy ['hæpɪ]	froh, glücklich
↔ sad	traurig
happiness ['hæpɪnəs]	Glück
joy [dʒɔɪ]	Freude
pleased [pliːzd]	froh, zufrieden
I'm very pleased with my new job.	
to love [lʌv]	lieben, mögen
I love skiing.	
to enjoy [ɪn'dʒɔɪ] **oneself**	sich wohlfühlen, sich amüsieren
to feel [fiːl]	(sich) fühlen
She feels really good.	
surprise [sə'praɪz]	Überraschung
What a surprise!	

Glück- und Genesungswünsche

Glückwünsche im Jahresverlauf

Zu Ostern …
Happy Easter!

Am 31. Oktober …
Happy Halloween!

Zu Weihnachten …
Merry Christmas!
Merry Christmas and a Happy New Year!
Season's Greetings!

Zu Neujahr …
Happy New Year!

Zu jedem Feiertag …
Happy Holiday(s)!

Geburtstagswünsche

Happy Birthday!
All our love and best wishes on your 16th birthday!
Many happy returns of the day!
It's your birthday. Make a wish, hope it comes true!
Congratulations on your birthday!

Erfolg wünschen

Good luck!
Best of luck!
Better luck next time.

Genesungswünsche

Wenn jemand niest …
Bless you!

Wenn jemand krank ist …
Get well soon!
Hope you get well soon.
Best wishes for a soon recovery.

Glückwünsche zu verschiedenen Gelegenheiten

Congratulations!
With love and best wishes …
Well done!
Warmest congratulations and best wishes!
Have a nice holiday/birthday/party/…!

BASISWORTSCHATZ

4 Wohnen und essen

Rund ums Haus (Where to live)

home [həʊm]	Zuhause
My grandparents still live in their own home.	
flat [flæt] (BE), **apartment** [ə'paːrtmənt] (AE)	Wohnung
a block of flats/apartment building	Wohnblock
house [haʊs]	Haus
semi-detached house [ˌsemɪdɪ'tætʃt haʊs]	Doppelhaushälfte
duplex ['duːpleks] **detached house**	freistehendes Haus
bungalow ['bʌŋgləʊ]	Bungalow
cottage ['kɒtɪdʒ]	Häuschen, Hütte
Friends of us own a weekend cottage.	
mansion ['mænʃn]	Villa
skyscraper ['skaɪskreɪpə(r)]	Wolkenkratzer

to build [bɪld], built [bɪlt], built [bɪlt]	bauen
building ['bɪldɪŋ]	Gebäude
door [dɔː]	Tür
entrance door	Eingangstür
garden ['gaːdn]	Garten
front [frʌnt]	Vorderseite
The front of our friend's house faces the ocean.	
front garden (BE), front yard (AE)	Vorgarten
back [bæk]	Rückseite, Hinterseite
back garden (BE), back yard (AE)	Garten (hinter dem Haus)

✓

roof [ruːf]	Dach
chimney ['tʃɪmnɪ]	Kamin, Schornstein
brick [brɪk]	Backstein
They live in a wonderful old brick building.	
fence [fens]	Zaun
garden fence	Gartenzaun
garage ['gæraːdʒ]	Garage
driveway ['draɪvweɪ]	Einfahrt, Zufahrt
doorway ['dɔːweɪ]	Eingang(stür)
She stood in the doorway waving to her daughter.	
gate [geɪt]	Tor
Close the gate, please.	
wall [wɔːl]	Mauer
He was hiding behind the wall.	

✓

wall [wɔːl]	Wand
There was a beautiful picture on the wall.	
ceiling ['siːlɪŋ]	(Zimmer)decke
floor [flɔː]	(Fuß)boden
Mara spilled her milk on the kitchen floor.	
ground floor [ˌgraʊnd 'flɔː] (BE)	Erdgeschoss
first floor [ˌfɜːst 'flɔː]	AE: Erdgeschoss, BE: erstes Stockwerk
attic ['ætɪk]	Dachgeschoss, Dachboden
stairs [steə(r)z]	Treppe
step [step]	Stufe
lift [lɪft] (BE), **elevator** ['elɪveɪtə(r)] (AE)	Aufzug
door [dɔː]	Zimmertür
cellar ['selə(r)]	Keller
We store some old wine in our cellar.	
basement ['beɪsmənt]	Untergeschoss, Souterrain
Household goods are sold in the basement.	

Zimmer (Rooms)

room [ruːm]	Zimmer, Platz
All the girls have a room of their own.	
In their new house they have much more room for their toys.	
window ['wɪndəʊ]	Fenster
living room ['lɪvɪŋ rʊm]	Wohnzimmer
dining room ['daɪnɪŋ rʊm]	Esszimmer, Speisesaal
bedroom ['bedrʊm]	Schlafzimmer
kitchen ['kɪtʃɪn]	Küche
hall [hɔːl]	Flur, Diele
upstairs [ˌʌp'steəz]	(nach) oben
She carried her suitcase upstairs.	
downstairs [ˌdaʊn'steəz]	(nach) unten
She hurried downstairs.	
bathroom ['baːθrʊm]	Badezimmer
bath [baːθ] (BE), **bathtub** ['bæθtʌb] (AE)	Badewanne
toilet ['tɔɪlət]	Toilette
to flush (the toilet)	das WC spülen
tap [tæp] (BE), **faucet** ['fɔːsɪt] (AE)	Wasserhahn

Einrichtung (Furnishings)

furniture ['fɜːnɪtʃə(r)]	Möbel
a piece of furniture	Möbelstück
furnished ['fɜːnɪʃt]	möbliert
carpet ['kaːpɪt]	Teppich
fitted carpet	Teppichboden
curtain ['kɜːtn]	Vorhang
table ['teɪbl]	Tisch
chair [tʃeə(r)]	Stuhl
bench [benʃ]	Bank
armchair [ˌaːm'tʃeə(r)]	Sessel, Lehnstuhl
sofa ['səʊfə]	Sofa
clock [klɒk]	Standuhr, Wanduhr

desk [desk]	Schreibtisch
shelf [ʃelf], **shelves** [ʃelvz]	Bord(e), Regal(e)
bookshelf	Bücherbord, Bücherregal
drawer ['drɔːə(r)]	Schublade
chest of drawers	Kommode
rug [rʌg]	kleiner Teppich, Vorlegeteppich
wastepaper basket ['weɪstpeɪpə(r) ˌbaːskɪt]	Papierkorb
box [bɒks]	Schachtel, Kiste
mirror ['mɪrə(r)]	Spiegel
picture ['pɪktʃə(r)]	Bild

cushion ['kʊʃn]	Kissen
That cushion is of a bright colour, isn't it?	
bed [bed]	Bett
bedclothes ['bedkləʊðz]	Bettwäsche
sheet [ʃiːt]	Bettlaken
sheets	Bettwäsche
Have you changed the sheets?	
pillow ['pɪləʊ]	Kopfkissen
pillow case	Kopfkissenbezug
blanket ['blæŋkɪt]	Decke, Bettdecke
to sleep [sliːp], slept [slept], slept [slept]	schlafen
comfortable ['kʌmfətəbl]	bequem, gemütlich
↔ uncomfortable	unbequem, ungemütlich
wardrobe ['wɔːdrəʊb]	Kleiderschrank
closet ['klɑzɪt]	Wandschrank

In der Küche (In the kitchen)

cooker ['kʊkə(r)] (BE), **stove** [stoʊv] (AE)	Herd
electric cooker/stove	Elektroherd
gas cooker/stove	Gasherd
oven ['ʌvn]	Backofen
fridge [frɪdʒ]	Kühlschrank
freezer ['friːzə(r)]	Gefriertruhe

kitchen sink ['kɪtʃɪn sɪŋk]	Spülbecken
sink unit [sɪŋk 'ju:nɪt]	Spültisch, Spüle
microwave oven ['maɪkrəweɪv 'ʌvn]	Mikrowellenherd
cupboard ['kʌbəd]	Schrank
tea towel [ti: 'taʊəl] (BE), **dish towel** [dɪʃ 'taʊəl] (AE)	Geschirrtuch

kitchen utensils [kɪtʃɪn ju:'tenslz]	Küchengeräte
wooden spoon [wʊdn spu:n]	Kochlöffel
peeler ['pi:lə(r)]	Schälmesser
whisk [wɪsk]	Schneebesen
grater ['greɪtə(r)]	Reibe
cheese grater	Käsereibe
chopping board ['tʃɒpɪŋ bɔ:d]	Schneidebrett
corkscrew ['kɔ:kskru:]	Korkenzieher
bottle-opener ['bɒtl,əʊpnə]	Flaschenöffner
tin-opener ['tɪn,əʊpnə(r)] (BE), **can-opener** ['kæn,oʊpnə(r)] (AE)	Dosenöffner
sieve [si:v]	Sieb

Einen Haushalt führen (Running a household)

household ['haʊshəʊld]	Haushalt
to run a household	einen Haushalt führen
housework ['haʊswɜ:k]	Hausarbeit
to clean [kli:n]	reinigen, putzen
clean	sauber
to dust [dʌst]	abstauben
dusty	staubig
to sweep [swi:p], swept [swept], swept [swept]	kehren, fegen
to wash [wɒʃ]	waschen
to do the washing (BE), to do the laundry (AE)	die Wäsche waschen
to wash up (BE), to wash the dishes (AE)	Geschirr spülen
to dry [draɪ]	trocknen, abtrocknen
to dry the dishes	das Geschirr abtrocknen
to iron ['aɪən]	bügeln
iron ['aɪən]	Bügeleisen

Kochen (Cooking)

to cook [kʊk]	kochen
I don't like cooking.	
to boil [bɔɪl]	(in Wasser) kochen
I'm boiling the water for tea now.	
kettle ['ketl]	Kessel
The kettle is boiling.	Das Wasser kocht.
saucepan ['sɔːspən] (BE), **pot** [pɒt] (AE)	Topf
to fry [fraɪ]	braten, frittieren
I'll fry some eggs for breakfast.	
frying pan	Bratpfanne
to steam [stiːm]	dünsten
to roast [rəʊst]	braten
Mother is roasting a chicken in the oven.	
to grill [grɪl] (BE), **to broil** [brɔɪl] (AE)	im Ofen grillen
barbecue ['baːbɪkjuː], **BBQ** ['baːbɪkjuː] (AE)	Grillfest
to barbecue	grillen

to heat [hiːt]	erhitzen, aufwärmen
You can heat dinner in the microwave.	
hot [hɒt]	heiß, scharf
to bake [beɪk]	backen
cake [keɪk]	Kuchen
She is baking a cake for her daughter's birthday.	
pie [paɪ]	Pastete
sweet pie	Obstkuchen
mixing bowl ['mɪksɪŋ bəʊl]	Rührschüssel
to toast [təʊst]	toasten
toast [təʊst]	Toast
I usually have two pieces of toast for breakfast.	
toaster ['təʊstə(r)]	Toaster

Mahlzeiten (Meals)

meal [miːl]	Mahlzeit, Essen
We don't go out for meals very often.	
to eat [iːt], ate [et], eaten ['iːtn]	essen
to drink [drɪŋk], drank [dræŋk], drunk [drʌŋk]	trinken
Can I have something to drink, please?	
drink [drɪŋk]	Getränk
breakfast ['brekfəst]	Frühstück
Do you want some eggs for breakfast?	
to have/eat breakfast	frühstücken
lunch [lʌnʃ]	Mittagessen
What's for lunch?	
to have/eat lunch	zu Mittag essen
dinner ['dɪnə(r)]	Abendessen
to have/eat dinner	zu Abend essen
to set the table for dinner	den Tisch fürs Abendessen decken

Lebensmittel (Food)

food [fuːd]	Essen, Nahrung, Nahrungsmittel
frozen food	Tiefkühlkost
junk food	ungesundes Essen
tin ['tɪn] (BE), **can** ['kæn] (AE)	Konservendose
tinned food (BE), canned food (AE)	Konservenessen
grain [greɪn]	Getreide, Korn
cereals ['sɪərɪəlz]	Getreideflocken
flour ['flaʊə(r)]	Mehl
rice [raɪs]	Reis
milk [mɪlk]	Milch
fresh [freʃ]	frisch
to keep [kiːp], kept [kept], kept [kept]	aufbewahren
to keep cool	kühl aufbewahren

fruit [fruːt]	Frucht, Früchte, Obst
We all like to eat fruit.	
banana [bəˈnaːnə]	Banane
apple [ˈæpl]	Apfel
pear [pea(r)]	Birne
cherry [ˈtʃeri], **cherries**	Kirsche(n)
peach [piːtʃ], **peaches**	Pfirsich(e)
berry [ˈberi], **berries**	Beere(n)
strawberry	Erdbeere
raspberry	Himbeere
blackberry	Brombeere
gooseberry	Stachelbeere

vegetable [ˈvedʒtəbl]	Gemüse
potato [pəˈteɪtəʊ], **potatoes**	Kartoffel(n)
carrot [ˈkærət]	Karotte
peas [piːz]	Erbsen
beans [biːnz]	Bohnen
green beans	grüne Bohnen
kidney beans	Kidneybohnen
onion [ˈʌnjən]	Zwiebel
garlic [ˈgɑːlɪk]	Knoblauch
sweetcorn [ˈswiːtkɔːn] (BE), **corn** [kɔːn] (AE)	Mais

salad [ˈsæləd]	Salat
cucumber [kjukʌmbə(r)]	Gurke
lettuce [ˈletɪs]	Kopfsalat
tomato [təˈmaːtaʊ], **tomatoes**	Tomate(n)
radishes [ˈrædiʃ]	Radieschen
peppers [ˈpepə(r)]	Paprika
red peppers	
green peppers	
cabbage [ˈkæbɪdʒ]	Kohl
broccoli [ˈbrɒkəli]	Brokkoli
cauliflower [ˈkɒliflaʊə(r)]	Blumenkohl

meat [miːt]	Fleisch
pork [pɔːk]	Schweinefleisch
beef [biːf]	Rindfleisch

lamb [læm]	Lammfleisch
chicken ['tʃɪkɪn]	Huhn, Hähnchen
steak [steɪk]	Steak
rare	blutig
medium	rosa
well done	durchgebraten
sausage ['sɒsɪdʒ]	Wurst
ham [hæm]	Schinken
bacon ['beɪkən]	Speck

Einkaufen und bezahlen (Shopping and paying)

shopping ['ʃɒpɪn]	Einkaufen, Einkäufe
to do one's shopping	einkaufen
shopping list	Einkaufsliste
shopping bag	Einkaufstasche
shopping basket	Einkaufskorb
supermarket ['su:pəma:kɪt]	Supermarkt
The supermarket is open 24 hours.	
self-service [self'sɜ:vɪs]	Selbstbedienung
shopping centre ['ʃɒpɪŋ 'sentə(r)] / **shopping mall** ['ʃɒpiŋ mɔ:l]	Einkaufszentrum
to shop [ʃɒp]	einkaufen
to go shopping	einkaufen gehen

shop [ʃɒp] (BE), **store** [stɔ:(r)] (AE)	Laden, Geschäft
department store [dɪ'pa:tmənt stɔ:(r)]	Kaufhaus
shop assistant [ʃɒp ə'sɪstənt] (BE), **clerk** (AE) [klɑ:k], **salesperson** [seɪlzpɜ:sn]	Verkäufer(in)
to help [help]	helfen, behilflich sein
Can I help you?	
to buy sth [baɪ], bought [bɔ:t], bought [bɔ:t]	etwas kaufen
buyer ['baiə(r)]	Käufer(in)
open ['əʊpən]	geöffnet
closed [kləʊzd]	geschlossen
This shop is closed on Sundays only.	

to sell [sel], sold [səʊld], sold [səʊld]	verkaufen, absetzen
to be sold out	ausverkauft sein
seller ['selə(r)]	Verkäufer, Händler
One of our neighbours is a flower seller.	
sale [seɪl]	Verkauf, Ausverkauf
on sale	erhältlich
for sale	zu verkaufen
special offer ['speʃl 'ɒfə(r)]	Sonderangebot

money ['mʌni]	Geld, Zahlungsmittel
I'm sorry, I don't have any money on me.	Es tut mir leid, ich habe kein Geld dabei.
note(s) [nəʊt] (BE), **bill(s)** [bɪl] (AE)	Banknote(n)
change [tʃeɪndʒ]	Wechselgeld
coin [kɔɪn]	Münze
purse [pɜːs]	BE: Geldbörse, Geldbeutel, AE: Handtasche
wallet ['wɒlɪt]	Brieftasche
to pay [peɪ], paid [peɪd], paid [peɪd]	bezahlen
to pay cash	bar bezahlen
to pay by cheque / by credit card	mit Scheck / mit Kreditkarte bezahlen

to spend [spend], spent [spent], spent [spent]	ausgeben
to waste [weɪst]	verschwenden
to waste money (on sth)	Geld (für etwas) verschwenden
cheap [tʃiːp]	billig
expensive [ɪk'spensɪv]	teuer
price [prais]	Preis
a reasonable price	ein annehmbarer / guter Preis
price list	Preisliste
price tag	Preisschild
to cost [kɒst], cost [kɒst], cost [kɒst]	kosten
to charge [tʃaːdʒ]	berechnen
receipt [rɪ'siːt]	Quittung, Beleg

BASISWORTSCHATZ

5 Schule, Freizeit, Reisen

In der Schule (At school)

school [sku:l]	Schule
to go to school/to attend school	die Schule besuchen
to leave school	die Schule verlassen
schoolboy ['sku:lbɔɪ]	Schuljunge
schoolgirl ['sku:lgɜ:l]	Schulmädchen
teacher ['ti:tʃə(r)]	Lehrer(in)
to teach [ti:tʃ], taught [tɔ:t], taught [tɔ:t]	unterrichten, lehren
My friend teaches English and French.	
principal ['prɪnsəpl] (BE), **head teacher** [hed 'ti:tʃə(r)] (AE)	Direktor(in)
pupil ['pju:pl]	Schüler(in)
They are former pupils of the school.	

lesson ['lesn]	Unterrichtsstunde
mark [mɑ:k] (BE), **grade** [greɪd] (AE)	Note
Helen always gets good marks in all subjects.	
timetable ['taɪmteɪbl] (BE), **schedule** ['ʃedju:l] (AE)	Stundenplan
subject ['sʌbdʒɪkt]	Unterrichtsfach
class [klɑ:s]	Klasse, Unterrichtsstunde
classmate [klɑ:smeɪt]	Klassenkamerad(in)
classroom [klɑ:sru:m]	Klassenraum
board [bɔ:d]	Tafel
Kate, come to the board, please.	
chalk [tʃɔ:k]	Kreide
a piece/a stick of chalk	ein Stück Kreide
duster ['dʌstə(r)]	Tafelschwamm
to wipe [waɪp]	wischen

school bag [sku:l bæg]	Schultasche, Schulranzen
book [bʊk]	Buch
school book [sku:l bʊk]	Schulbuch
exercise book ['eksəsaɪz bʊk]	Übungsheft
paper ['peɪpə(r)]	Papier
a piece/sheet of paper	ein Blatt Papier
pen [pen]	Stift
ballpoint pen	Kugelschreiber
felt-tip pen	Filzstift
pencil ['pensl]	Bleistift
pencil case [pensl keɪs]	Mäppchen
rubber ['rʌbə(r)] (BE), **eraser** [ɪ'reɪzə(r)] (AE)	Radiergummi
(pencil) sharpener ['ʃɑ:pnə(r)]	Bleistiftspitzer
ruler ['ru:lə(r)]	Lineal

Sport (Sport)

sport [spɔ:t] (BE), **sports** [spɔ:ts] (AE)	Sport
to play [pleɪ]	spielen
I usually play football on Saturdays.	
player ['pleɪə(r)]	Spieler
A football team has eleven players.	
team [ti:m]	Mannschaft, Team
sports club [spɔ:ts klʌb]	Sportverein
sports shoes [spɔ:ts ʃu:s]	Sportschuhe
football ['fʊtbɔ:l] (BE), **soccer** ['sɒkə(r)] (AE)	Fußball
tennis ['tenɪs]	Tennis
cycling ['saɪklɪŋ]	Radfahren
gymnastics [dʒɪm'næstɪks]	Turnen

athletics [æθ'letɪks] (BE), **track and field** [træk ənd fi:ld] (AE)	Leichtathletik
high jump	Hochsprung
long jump	Weitsprung
pole vault	Stabhochsprung

javelin	Speerwerfen
hurdling	Hürdenlauf
relay	Staffel
swimming ['swɪmɪŋ]	Schwimmen
golf [gɒlf]	Golf
hockey ['hɒki]	Hockey
field hockey	Feldhockey
ice hockey	Eishockey
skiing ['skiːiŋ]	Skifahren

Aufgepasst: Talking about sport
Die Ausübung einer Sportart wird im Englischen häufig mithilfe der Ausdrücke "to do", "to play", "to like" oder "to be good at" formuliert:

Do you do any sport? – Treibst du Sport?
Do you play football? – Spielst du Fußball?
Do you like sport? – Treibst du gerne Sport?
Are you good at tennis? – Spielst du gut Tennis?

Kino und Theater (Cinema and theatre)

cinema ['sɪnəmə] (BE), **movie theater** ['muːvɪ 'θietə(r)] (AE)	Kino
What's on at the cinema?	
film [fɪlm] (BE), **movie** ['muːvɪ] (AE)	Kinofilm, Film
to watch [wɒtʃ]	anschauen
We always watch a film on Sunday nights.	
theatre ['θietə(r)] (BE), **theater** (AE)	Theater
to play [pleɪ]	aufführen, spielen
What do they play at the local theatre tonight?	
performance [pə'fɔːməns]	Aufführung
stage [steɪdʒ]	Bühne
audience ['ɔːdiəns]	Publikum, Zuschauer
Someone in the audience was coughing all the time.	
box office [bɒks 'ɒfɪs]	Theater- bzw. Kinokasse
row [rəʊ]	Sitzreihe
Our seats are in the front row.	

Bildende Kunst und Musik (Arts and music)

art [aːt]	Kunst
the arts	die schönen Künste
artist ['aːtɪst]	Künstler(in)
to draw [drɔː], drew [druː], drawn [drɔːn]	zeichnen
drawing ['drɔːɪŋ]	Zeichnung
Children can do wonderful drawings.	
to paint [peɪnt]	malen
painting ['peɪntɪŋ]	Gemälde
museum [mju'ziːəm]	Museum
music [mjuːzɪk]	Musik
sound [saʊnd]	Klang
instrument ['ɪnstrəmənt]	Instrument
to practise ['præktis]	üben
You better practise playing your violin instead of watching TV.	

piano [pi'ænəʊ]	Klavier
violin [ˌvaɪə'lɪn]	Geige
flute [fluːt]	Flöte
guitar [gɪ'tɑː(r)]	Gitarre
acoustic guitar	akustische Gitarre
electric guitar	elektrische Gitarre
drum [drʌm]	Trommel
keyboard ['kiːbɔːd]	Keyboard
trumpet ['trʌmpɪt]	Trompete
clarinet [ˌklærə'net]	Klarinette

concert ['kɒnsət]	Konzert
I went to see Anastacia in concert.	
band [bænd]	Band
He plays the trumpet in the school band.	
singer ['sɪŋə(r)]	Sänger(in)
group [gruːp]	(Rock)gruppe
to tour [tʊə(r)]	auf Tournee gehen
opera ['ɒprə]	Oper
musical ['mjuːzɪkl]	Musical

Computer und Internet (Computing and Internet)

computer [kəm'pju:tə(r)]	Computer
to have sth on the computer	etwas auf dem Computer gespeichert haben
keyboard ['ki:bɔ:d]	Tastatur
screen [skri:n]	Bildschirm
printer ['prɪntə(r)]	Drucker
print-out ['prɪntaʊt]	Ausdruck
ink [ɪŋk]	Tinte
application [ˌæplɪ'keɪʃn]	Anwendung
You can run several applications at the same time.	
error ['erə(r)]	Fehler
computer science [kəm'pju:tə(r) 'saɪəns]	Informatik
computer scientist	Informatiker(in)
computer-aided	rechnergestützt
file [faɪl]	Datei
to cancel ['kænsl]	löschen, rückgängig machen
to save [seɪv]	sichern
data ['deɪtə]	Daten(bestand)
Don't forget to save your data regularly.	
email ['i:meɪl]	elektronische Post, E-Mail
email address	E-Mail-Adresse
inbox [ɪnbɒks]	Posteingang
underscore [ˌʌndə'skɔ:(r)]	Unterstrich
peter_miller@mail.com	
at sign [ət saɪn]/**at symbol** [ət 'sɪmbl]	Klammeraffe
to attach [ə'tætʃ] **sth**	etwas anfügen
attachment [ə'tætʃmənt]	Anhang
internet ['ɪntənet]	Internet
Do you have access to the internet?	
to download [ˌdaʊn'ləʊd]	herunterladen
search engine [sɜ:tʃ 'endʒɪn]	Suchmaschine
homepage ['həʊmpeɪdʒ]	Homepage
website ['websaɪt]	Internetseite

False friends

Einige englische Wörter sehen deutschen Wörtern sehr ähnlich – ihre deutsche Bedeutung aber lautet häufig ganz anders. Solche irreführenden Wortpaare werden als *false friends*, falsche Freunde, bezeichnet.

Aufgepasst, wenns um die Schule geht!

deutsche Bedeutung	**englisches Wort**		**false friend**	**englische Entsprechung**
Notiz, Anmerkung	note	≠	Note	mark (BE), grade (AE)
Note	mark (BE)	≠	Marke	brand
Note	grade (AE)	≠	Grad	degree
Hausaufgabe	homework	≠	Hausarbeit	housework
bestehen	to pass	≠	passen	to fit
Unterrichtsstunde	class	≠	Klasse(nstufe)	form (BE), grade (AE)
Lehrbuch	textbook	≠	Textbuch	script
Tafel	board	≠	Bord	shelf
Vortrag	lecture	≠	Lektüre	reading
Turnhalle	gymnasium	≠	Gymnasium	grammar school (BE), high school (AE)

Aufgepasst, wenns um zu Hause geht!

Hausarbeit	housework	≠	Hausaufgaben	homework
Küche	kitchen	≠	Kittchen	jail
Wandschrank, Einbauschrank	closet (AE)	≠	Klosett (= Toilette)	toilet (BE), restroom (AE)
Miete	rent	≠	Rente	pension
Boden	floor	≠	Flur	hall
Stoff	fabric	≠	Fabrik	factory
Hütte	hut	≠	Hut	hat
Hocker	stool	≠	Stuhl	chair
Kiste, Schachtel	box	≠	Box (= Lautsprecher)	loudspeaker
Quittung	receipt	≠	Rezept	recipe (Küche), prescription (Arzt)

Aufgepasst, wenns um das Verhalten geht!

deutsche Bedeutung	englisches Wort		false friend	englische Entsprechung
werden	to become	≠	bekommen	to get
mitfühlend, verständnisvoll	sympathetic	≠	sympathisch	nice, likeable
Mitgefühl	sympathy	≠	Sympathie	liking
anständig	decent	≠	dezent	discreet, moderate
begeistert von	keen on	≠	kühn	bold
neugierig	curious	≠	kurios	strange
vernünftig	sensible	≠	sensibel	sensitive
unglücklich, elend	miserable	≠	miserabel	lousy
dumm, blöd	stupid	≠	stupide	mindless
Sorge, Beunruhigung	concern	≠	Konzern	group of companies
die Schuld geben	to blame	≠	blamieren	to make a fool of sb/oneself

Aufgepasst, wenns um Kunst und Literatur geht!

Kunst	art	≠	Art	way, kind, sort
Strophe	verse	≠	Vers	line, rhyme
Liedtext	lyrics	≠	Lyrik	poetry
Absatz (im Text)	paragraph	≠	Paragraph (§)	section
Roman	novel	≠	Novelle	novella
Predigt	sermon	≠	Sermon	long speech
Kritiker	critic	≠	Kritik	criticism

Aufgepasst, wenns um das Detail geht!

schließlich	eventually	≠	eventuell	perhaps
tatsächlich	actual	≠	aktuell	current
pünktlich	punctual	≠	punktuell	on certain points
immer noch	still	≠	still	silently, quietly
wann, als	when	≠	wenn	if, in case
wo?	where?	≠	wer?	who?
während	while	≠	weil	because, as, since
schon, bereits	yet	≠	jetzt	now

Ferien (Holidays)

holiday ['hɒlədeɪ]	Urlaub, Feiertag
school holidays	Schulferien
to take a holiday	Urlaub machen / nehmen
vacation (AE) [və'keɪʃn]	Urlaub
to travel ['trævl]	reisen, verreisen
to travel by plane / boat / car / rail	mit dem Flugzeug / Schiff / Auto / Zug reisen
to leave [li:v], left [left], left [left]	abreisen
↔ to arrive	ankommen
to depart [dɪ'pɑ:t]	abreisen, wegfahren
departure	Abreise
↔ arrival	Ankunft
to get [get] **on**, got [gɒt], got [gɒt]	einsteigen
↔ to get off	aussteigen
to catch [kætʃ], caught [kɔ:t], caught [kɔ:t]	bekommen, erreichen
↔ to miss	verpassen

traveller ['trævələ(r)]	Reisende(r)
travel agency ['trævəl 'eɪdʒənsɪ]	Reisebüro
to book [bʊk]/**to reserve** [rɪ'z3:v]	buchen, reservieren
train [treɪn]	Zug, Eisenbahn
journey ['dʒ3:ni]	Reise
She went on a journey to Paris.	
trip [trɪp]	Reise
My family likes to go on camping trips.	
abroad [ə'brɔ:d]	ins Ausland, im Ausland
to travel abroad	ins Ausland reisen
tourist ['tʊərɪst]	Tourist(in)
map [mæp]	Landkarte, Stadtplan
road map	Straßenkarte
sights [saɪts]	Sehenswürdigkeiten
We're going to London for a weekend to see the sights.	
view [vju:]	Blick, Ausblick

Verkehr (Traffic)

traffic ['træfɪk]	Verkehr
traffic jam	Stau
traffic light(s)	Verkehrsampel
traffic sign	Verkehrsschild
street [stri:t]	Straße
corner ['kɔ:nə(r)]	Ecke
street corner	Straßenecke
bridge [brɪdʒ]	Brücke
accident ['æksɪdənt]	Unfall
crash [kræʃ]	Zusammenstoß
safe [seɪf]	sicher
safety ['seɪfti]	Sicherheit
seat belt [si:t belt]	Sicherheitsgurt
to fasten ['fɑ:sn] (BE), **to buckle** ['bʌkl] **up** (AE)	anschnallen
Please fasten your seat belt.	

bicycle ['baɪsɪkl]/**bike** [baik]	Fahrrad
motorcycle ['məʊtəsaɪkl]/**motorbike** ['məʊtəbaɪk]	Motorrad
to ride [raɪd], rode [rəʊd], ridden ['rɪdn]	fahren
to ride a bicycle	Fahrrad fahren
bus [bʌs]	Bus
coach [kəʊtʃ]	Reisebus
tram [træm] (BE), **streetcar** ['stri:tkɑ:(r)] (AE)	Straßenbahn
to drive [draɪv], drove [drəʊv], driven ['drɪvn]	fahren
driver [draɪvə(r)]	Fahrer
bus driver	Busfahrer
lorry ['lɒri] (BE), **truck** [trʌk] (AE)	Lkw
by [baɪ]	mit
by bike/car/bus	mit dem Fahrrad/Auto/Bus
to hitch-hike ['hitʃhaɪk]	per Anhalter fahren
Hitch-hiking is supposed to be quite dangerous, especially for young girls.	

6 BASISWORTSCHATZ
Der Mensch

Der menschliche Körper (The human body)

body ['bɒdɪ]	Körper
head [hed]	Kopf
brain [breɪn]	Gehirn
The human brain controls movement, thought, memory and feeling.	
hair [heə]	Haar
forehead ['fɒred]	Stirn
eye [aɪ]	Auge
nose [nəʊz]	Nase
ear [ɪə(r)]	Ohren

mouth [maʊθ]	Mund
tooth [tu:θ], **teeth** [ti:θ]	Zahn, Zähne
lip [lɪp]	Lippe
tongue [tʌŋ]	Zunge
cheek [tʃi:k]	Wange
chin [tʃɪn]	Kinn
throat [θrəʊt]	Kehle
The bank robber held a knife to the hostage's throat.	
to have a sore throat	heiser sein

shoulder ['ʃəʊldə(r)]	Schulter
arm [a:m]	Arm
elbow ['elbəʊ]	Ellbogen
hand [hænd]	Hand
wrist [rɪst]	Handgelenk
Teenagers often wear trendy wristbands on their wrist.	
finger ['fiŋgə(r)]	Finger
thumb [θʌm]	Daumen
fingernail ['fiŋgəneɪl]	Fingernagel

neck [nek]	Nacken
chest [tʃest]	Brustkorb
breast [brest]	Brust, Busen
back [bæk]	Rücken
waist [weɪst]	Taille
Peter put his arm around Mary's waist.	
hip [hɪp]	Hüfte
buttocks ['bʌtəks]	Gesäß

leg [leg]	Bein
thigh [θaɪ]	Oberschenkel
knee [niː]	Knie
shin [ʃɪn]	Schienbein
foot [fʊt], **feet** [fiːt]	Fuß, Füße
barefoot ['beəfʊt]	barfuß
I like to go barefoot in summer.	
toe [təʊ]	Zeh
toenail ['təʊneɪl]	Zehennagel
tiptoe ['tɪptəʊ]	Zehenspitze
heel [hiːl]	Ferse

bone [bəʊn]	Knochen
She broke some bones in the accident.	
skin [skɪn]	Haut
breath [breθ]	Atem
blood [blʌd]	Blut
heart [hɑːt]	Herz
Her dad has some severe heart problems.	
lung [lʌŋ]	Lunge
stomach ['stʌmək]	Magen
muscle ['mʌsl]	Muskel
This exercise will work your arm muscles.	
nerve [nɜːv]	Nerv
The optic nerve is necessary for us to see something at all.	

Sinneswahrnehmungen (Sensory perception)

sense [sens]	Sinn
common sense	gesunder Menschenverstand
to sense [sens]	fühlen, spüren
Jim sensed that his mother did not believe him.	
to make sense	einen Sinn ergeben
to see [siː], saw [sɔː], seen [siːn]	sehen (Farben, ↑S. 74)
↔ blind	blind
to feel [fiːl], felt [felt], felt [felt]	fühlen
to taste [teɪst]	schmecken
to smell [smel], smelt/smelled [smelt], smelt/smelled [smelt]	riechen
to hear [hɪə(r)], heard [hɜːd], heard [hɜːd]	hören
↔ deaf [def]	taub
to touch [tʌtʃ]	berühren
He touched the baby gently.	

Aufwachsen und sterben (Growing up and dying)

to be born [bɔːn]	geboren werden
He was born on Christmas day.	
to grow [grəʊ], grew [gruː], grown [grəʊn]	wachsen
to grow up	aufwachsen
growth [grəʊθ]	Wachstum
to live [lɪv]	leben
to be alive	lebendig sein
life [laɪf], **lives** [laɪvz]	Leben
His brother lost his life in a motorcycle accident.	
to die [daɪ]	sterben
death [deθ]	Tod
dead [ded]	tot
to bury ['berɪ]	begraben

Sich bewegen (Moving around)

to move [mu:v]	bewegen, sich bewegen
movement ['mu:vmənt]	Bewegung
to walk [wɔ:k]	laufen, gehen, spazieren gehen
My friend walks to work every morning.	
to go [gəʊ], went [went], gone [gɒn]	gehen
to run [rʌn], ran [ræn], run [rʌn]	rennen
to hurry ['hʌrɪ]	sich beeilen
Hurry up!	Beeile dich! Beeilt euch!
to leave [li:v], left [left], left [left]	verlassen, weggehen
to follow ['fɒləʊ]	folgen
to jump [dʒʌmp]	springen
to climb [klaɪm]	klettern

to stand [stænd], stood [stʊd], stood [stʊd]	stehen
to sit [sɪt], sat [sæt], sat [sæt]	sitzen
to lie [laɪ], lay [leɪ], lain [leɪn]	liegen
to balance ['bæləns]	balancieren
balance ['bæləns]	Balance, Gleichgewicht
At age three, she could keep her balance on her little bike.	
to lean [li:n], leant [lent]/ leaned [li:nd], leant [lent]/ leaned [li:nd]	lehnen
to push [pʊʃ]	schubsen
action ['ækʃn]	Aktivität, Bewegung
active ['æktɪv]	aktiv

6

Aufgepasst: "to lie" und "to lay"
Neben dem englischen Verb "to lie" für „liegen" gibt es auch das Verb "to lay" (laid, laid) für „legen", „herrichten". Achte daher darauf, "lay" korrekt zu übersetzen.

Last Sunday, he lay in bed till noon. – Letzten Sonntag lag er bis Mittag im Bett.

She lays the baby down gently on its bed. – Sie legte das Baby behutsam in sein Bett.

Charakter (Character)

person ['pɜːsn]	Mensch, Person
character ['kærəktə]	Charakter
good [gʊd]	gut
better, best	besser, am besten
↔ bad, worse, worst	schlecht, schlechter, am schlechtesten
strength [streŋθ]	Stärke
strength of character	Charakterstärke
bravery ['breɪvəri]	Tapferkeit
He loves to hear stories of knights and their bravery.	
brave [breɪv]	tapfer
courage ['kʌrɪdʒ]	Mut, Tapferkeit
courageous [kə'reɪdʒəs]	mutig, tapfer
honesty ['ɒnəsti]	Ehrlichkeit
honest ['ɒnɪst]	ehrlich

Verhalten (Behaviour)

behaviour [bɪ'heɪvjə]	Verhalten
social behaviour	Sozialverhalten
to behave [bɪ'heɪv]	sich verhalten, sich benehmen
kindness ['kaɪndnɪs], **kindliness** ['kaɪndlinəs]	Freundlichkeit, Liebenswürdigkeit
kind [kaɪnd]	freundlich, nett, liebenswürdig
friendly ['frendlɪ]	freundlich, freundschaftlich
Sally is a very kind and friendly girl.	
friendliness ['frendlɪnəs]	Freundlichkeit
helpful ['helpfl]	hilfsbereit, hilfreich
My daughter is always very helpful.	
This brochure is very helpful for tourists, there is a lot of information in it.	
helpfulness ['helpflnəs]	Hilfsbereitschaft
habit ['hæbɪt]	Gewohnheit, Angewohnheit
a bad habit	eine schlechte Angewohnheit

fair [feə(r)]	fair, gerecht
↔ unfair	unfair
fairness ['feənəs]	Fairness, Gerechtigkeit
fault [fɔːlt]	Fehler
It's all my fault.	
purpose ['pɜːpəs]	Absicht
It wasn't my purpose to hurt you.	
confidence ['kɒnfɪdns]	Vertrauen, Zuversicht
to have (every/no) confidence in sb/sth	volles/kein Vertrauen zu jdm./in etwas haben
confident ['kɒnfɪdnt]	zuversichtlich, überzeugt
strange [streɪndʒ]	seltsam, ungewöhnlich, merkwürdig
Peter looked at Laura in a very strange way.	
curious ['kjʊərɪəs]	neugierig
Hannah is a curious little girl.	
curiosity [ˌkjʊəri'ɒsəti]	Neugierde
fool [fuːl]	Narr, Dummkopf
foolish ['fuːlɪʃ]	dumm, blöd, töricht
Don't be foolish!	

Gefühle und Empfindungen (Feelings and emotions)

feeling ['fiːlɪŋ]	Gefühl, Empfindung
emotion [ɪ'məʊʃn]	Gefühl, Emotion
to show no emotion	unbewegt bleiben
in a voice full of emotion	mit bewegter Stimme
to like [laɪk]	mögen, gefallen, gern haben
to be fond of [bɪ ˌfɒnd 'ɒv]	gerne mögen, gern haben
to love [lʌv]	lieben
↔ to hate	hassen
to fall in love	sich verlieben
to be in love	verliebt sein
indifference [ɪn'dɪfrəns]	Gleichgültigkeit
It's a matter of indifference to me.	Das ist mir gleichgültig.
to care for [keə(r) fə(r)]	sorgen für, sich kümmern
I don't care.	Das ist mir gleichgültig.

concern [kən'sɜːn]	Sorge, Besorgnis
concerned [kən'sɜːnd]	besorgt
The parents gave their daughter a concerned look.	
to be concerned	besorgt sein
worry ['wʌrɪ], **worries**	Sorge(n)
Her bad marks are a great worry to us all.	
to worry ['wʌrɪ]	sich sorgen
worried ['wʌrɪd]	besorgt
anxiety ['æŋzaɪˌɪtɪ]	Sorge
I am in deep anxiety about my pour ill mother.	
No cause for anxiety.	
anxious ['æŋkʃəs]	besorgt, ängstlich
to be afraid [bɪə'freɪd]	Angst haben, sich fürchten
Don't be afraid!	Keine Angst!
to fear [fɪə]	befürchten, fürchten
fear [fɪə]	Furcht, Angst

to frighten ['fraɪtn]	erschrecken, Angst einjagen
Big dogs usually frighten me.	
frightened ['fraɪtnd]	ängstlich, verängstigt
to be/feel sad [sæd]	traurig sein
sadness ['sædnɪs]	Traurigkeit
to hope [həʊp]	hoffen
I hope it won't rain this afternoon.	
hope [həʊp]	Hoffnung
hopeful ['həʊpfl]	hoffnungsvoll
↔ hopeless	hoffnungslos
nervous ['nɜːvəs]	nervös
upset [ʌp'set]	bestürzt, aufgeregt
touched [tʌtʃt]	gerührt, bewegt
He was very touched by her words.	
to annoy [ə'nɔɪ]	ärgern, belästigen
to get annoyed	sich ärgern

to weep [wiːp]	weinen
to cry [kraɪ]	schreien, weinen
Maya cries for her teddy bear.	
tear [tiə]	Träne
to burst into tears	in Tränen ausbrechen
to disappoint [ˌdɪsə'pɔɪnt]	enttäuschen
Your exam results disappoint me.	
to be disappointed [ˌdɪsə'pɔɪntɪd]	enttäuscht sein
disappointment [ˌdisə'pɔɪntmənt]	Enttäuschung
to surprise [sə'praɪz]	überraschen
surprise [sə'praɪz]	Überraschung
His present came as a complete surprise.	

to smile [smaɪl]	lächeln
smile [smaɪl]	Lächeln
happy ['hæpɪ]	glücklich, harmonisch
happiness ['hæpɪnəs]	Glück, Fröhlichkeit
Her face was full of happiness.	
to laugh [lɑːf]	lachen
laughter ['lɑːftə]	Gelächter
pleasure ['pleʒə]	Freude, Vergnügen
to enjoy [ɪn'dʒɔɪ]	genießen
My three daughters all enjoy reading.	
joy [dʒɔɪ]	Freude
to my great joy	zu meiner großen Freude

to impress [ɪm'pres]	beeindrucken
impression [ɪm'preʃn]	Eindruck
The applicant made a good overall impression.	
to admire [əd'maɪə]	bewundern
admiration [ˌædmə'reɪʃn]	Bewunderung
to attract [ə'trækt]	anziehen
Her sense of humour really attracts me.	
to satisfy ['sætɪsfaɪ]	zufriedenstellen, befriedigen
satisfaction [ˌsætɪs'fækʃn]	Zufriedenheit, Befriedigung

Familie und Freunde (Family and friends)

mother ['mʌðə(r)]	Mutter
mum (BE), mom (AE)	Mama, Mutti
father ['fɒːðə(r)]	Vater
dad	Papa, Vati
brother ['brʌðə(r)]	Bruder
sister ['sɪstə(r)]	Schwester
parents ['peərəntz]	Eltern
single-parent	Alleinerziehende(r)
step-parents	Stiefeltern
child [tʃaɪld], **children** ['tʃɪldrən]	Kind, Kinder
daughter ['dɔːtə(r)]	Tochter
son [sʌn]	Sohn
baby ['beɪbɪ]	Baby
husband ['hʌzbənd]	Ehemann
wife [waɪf]	Ehefrau
twin [twɪn]	Zwilling, Zwillings-
Nathalie and Stephanie are twin sisters.	

Aufgepasst: Für das deutsche Wort „Geschwister" gibt es keine englische Entsprechung, es muss umschrieben werden.

Do you have any brothers or sisters? – Hast du Geschwister?
There are three of us in our family. – Ich habe noch zwei Geschwister./Wir sind zu dritt.
I like my brother and my sisters very much. – Ich mag meinen Bruder und meine Schwestern/meine Geschwister sehr.

grandparents ['grænpeərəntz]	Großeltern
grandmother ['grænmʌðə(r)]	Großmutter
grandma	Oma
grandfather ['grænfaðə(r)]	Großvater
granddad	Opa
grandchild ['grænttʃaɪld], **grandchildren** ['grænttʃɪldrən]	Enkelkind, Enkelkinder
granddaughter ['grændɔːtə(r)]	Enkeltochter
grandson ['grænsʌn]	Enkelsohn
relative ['relatɪv]	Verwandte(r)
Mary is a very distant relative of mine.	

aunt [ɑːnt]	Tante
uncle ['ʌŋkl]	Onkel
My aunt and uncle live in New Zealand.	
nephew ['nefjuː]	Neffe
niece [niːs]	Nichte
cousin ['kʌzn]	Cousin(e)
first cousin	Cousin(e) ersten Grades
second cousin	Cousin(e) zweiten Grades
parents-in-law [lɔː]	Schwiegereltern
mother-in-law	Schwiegermutter
My mother-in-law is a very nice person.	
father-in-law	Schwiegervater
brother-in-law	Schwager
sister-in-law	Schwägerin

friend [frend]	Freund(in)
↔ stranger	Fremde(r)
to make friends	Freunde finden
to be friends	befreundet sein
boyfriend ['bɔɪfrend]	fester Freund
girlfriend ['gɜːlfrend]	feste Freundin
acquaintance [ə'kweɪntəns]	Bekannte(r)
She is an acquaintance of my neighbour.	
relationship [rɪ'leɪʃnʃɪp]	Beziehung
to get to know [get], got [gɒt], got [gɒt]	kennenlernen
to know	kennen
to get [get] **on with sb,** got [gɒt], got [gɒt]	mit jdm. auskommen, sich vertragen
date [deɪt]	Verabredung
Ashley has got a date tonight.	
to date [deɪt] (AE)	mit jdm. fest befreundet sein
Mick is dating Jane.	

Aufgepasst: "Date" ist nicht gleich "date"
Das englische Substantiv "date" kann je nach Zusammenhang auch die Bedeutungen „Datum" oder „Geschichts-/Jahreszahl" haben:
What date is it today?

6

Feste feiern (Celebrating)

birthday ['bɜːθdeɪ]	Geburtstag (Glückwünsche, ↑ S. 28)
to celebrate ['selɪbreɪt]	feiern
My daughter will celebrate her birthday next weekend.	
party ['pɑːti]	Party, Fest (Feiertage, ↑ S. 94)
birthday party	Geburtstagsparty
house-warming party	Einweihungsparty
present ['preznt] (BE), **gift** [gɪft] (AE)	Geschenk
to receive [rɪ'siːv]	bekommen, empfangen
to engage [ɪn'geɪdʒ]	sich verloben
engagement	Verlobung
to marry ['mæri]	heiraten
wedding ['wedɪŋ]	Hochzeit
anniversary [ˌænɪ'vɜːsəri]	Jubiläum
wedding anniversary	Hochzeitstag

Kleidung (Clothes)

clothes [kləʊðz]	Kleidung
jacket ['dʒækɪt]	Jacke
denim jacket	Jeansjacke
leather jacket	Lederjacke
coat [kəʊt]	Mantel
raincoat	Regenmantel
trousers ['traʊzəz] (BE), **pants** [pænts] (AE)	Hosen
skirt [skɜːt]	Rock
dress [dres]	Kleid
shirt [ʃɜːt]	Hemd
t-shirt [tiːʃɜːt]	T-Shirt
blouse [blaʊz]	Bluse
sweater ['swetə(r)] (AE), **jumper** ['dʒʌmpə(r)] (BE)	Pullover, Sweatshirt
cardigan ['kɑːdɪgən]	Strickjacke

to wear [weə(r)], wore [wɔ:(r)], worn [wɔ:n]	(Kleidung) tragen, anhaben
to get dressed [gɛt drest], got [gɒt], got [gɒt]	sich anziehen
↔ to get undressed	sich ausziehen
to take [teɪk] **off sth,** took [tʊk], taken [teɪkn]	etwas ausziehen
He took off his hat.	
underwear ['ʌndəweə(r)]	Unterwäsche
underpants ['ʌndəpænts]	Unterhosen
bra (brassière) [bra:]	Büstenhalter
pyjamas [pə'dʒɑ:məz] (BE), **pajamas** [pə'dʒæməz] (AE)	Schlafanzug
Mum, where are my pyjama trousers?	
nightdress ['naɪtdres] (BE), **nightgown** ['naɪtgaʊn] (AE)	Nachthemd
dressing gown [dresiŋgaʊn] (BE), **bathrobe** ['bɒ:θrəʊb] (AE)	Bademantel, Morgenmanel

to get changed [gɛt tʃeɪndʒd], got [gɒt], got [gɒt]	sich umziehen
Where do we get changed to go into the pool?	
casual ['kæʒuəl]	lässig
↔ formal	formell, förmlich
Jeans are casual clothes.	
trendy ['trendi]	modisch, chic
fashion ['fæʃn]	Mode
Jeans are always in fashion.	
fashionable ['fæʃnəbl]	modisch
↔ old-fashioned	altmodisch
to suit [su:t]	(gut) stehen, passen zu
This colour is nice, but it doesn't suit you.	
to fit [fɪt]	passen
My jeans fit perfectly.	
fit [fɪt]	Passform
tight [təɪt]	eng, eng anliegend
Sara likes to wear tight t-shirts.	

7 THEMENWORTSCHATZ

Bildung, Politik, Umwelt

Bildung und Erziehung (Education)

education [ˌedjəˈkeɪʃn]	Erziehung, Bildung, Ausbildung
to educate [ˈedjəkeɪt]	erziehen
educated	gebildet
upbringing [ˈʌpbrɪŋɪŋ]	familiäre Erziehung, Kinderstube
to learn [lɜːn], learnt [lɜːnt], learned [lɜːnd], learnt [lɜːnt], learned [lɜːnd]	lernen
to study [ˈstʌdɪ]	lernen, studieren
She studies English at Oxford University.	
to know [nəʊ]	wissen, kennen
knowledge [ˈnɒlɪdʒ]	Wissen, Kenntnis
experience [ɪkˈspɪəriəns]	Erfahrung
Everyone learns best from his own experience.	

nursery school [ˈnɜːsrɪ ˌskuːl] (BE), **preschool** [ˈprɪˌskuːl] (AE)	Kindergarten
primary school [ˈpraɪmrɪ ˌskuːl] (BE), **elementary school** [ˌelɪˈmentrɪ ˌskuːl] (AE)	Grundschule
secondary school [ˈsekəndrɪ ˌskuːl]	weiterführende Schule (vgl. S. 39)
comprehensive school [ˌkɒmprɪˈhensɪv ˌskuːl]	Gesamtschule
boarding school [ˈbɔːdɪŋ ˌskuːl]	Internat
More children attend boarding schools in England than in Germany.	
college [ˈkɒlɪdʒ]	College, Institut
to start college	das Studium beginnen
university [ˌjuːnɪˈvɜːsətɪ]	Universität
student [ˈstjuːdnt]	Student(in)

Recht und Gesetz (Law and order)

permission [pə'mɪʃn]	Erlaubnis
She took her sister's bike without permission.	
to permit [pə'mɪt]	erlauben
permit	offizielle (schriftliche) Erlaubnis
to allow [ə'laʊ]	erlauben, genehmigen
rule [ruːl]	Regel, Vorschrift
law [lɔː]	Gesetz, Recht
to become law	rechtskräftig werden
to pass a law	ein Gesetz verabschieden
legal ['liːgl]	legal, rechtlich zulässig
for legal reasons	aus rechtlichen Gründen

Aufgepasst: Um eine Erlaubnis (permission) einzuholen, kann man im Englischen auch "may" bzw. das etwas weniger förmliche "can" sowie die Ersatzform "to be allowed to" verwenden. Um eine solche Erlaubnis zu verneinen (um also ein Verbot auszusprechen), ist jedoch das modale Hilfsverb "must not" notwendig.

May I have another ice cream, please? – No, you must not, you've already had a very big one today.

order ['ɔːdə]	Disziplin, Ordnung
to order ['ɔːdə]	befehlen, anordnen
"Be quiet!" the teacher ordered.	
lawyer ['lɔːjə(r)]	Rechtsanwalt, Rechtsanwältin
case [keɪs]	Fall, Rechtsstreit
court [kɔːt]	Gericht
The case took five years to come to court.	
trial ['traɪəl]	Gerichtsverfahren, Prozess, Verhandlung
to accuse [ə'kjuːz]	anklagen, beschuldigen
accused	Angeklagte(r), Beklagte(r)
to defend [dɪ'fend]	verteidigen
defendant	Angeklagte(r), Beklagte(r)
defence	Verteidigung, Rechtfertigung

7

to judge [dʒʌdʒ]	Urteilen, beurteilen
judgement ['dʒʌdʒmənt]	(Gerichts)urteil, Richterspruch
sentence ['sentəns]	Strafe, Urteil
to pass sentence on sb	über jdn. das Urteil verkünden
to sentence ['sentəns]	verurteilen
innocent [ɪnəsnt]	unschuldig
↔ guilty	schuldig
to punish ['pʌnɪʃ]	bestrafen
punishment ['pʌnɪʃmənt]	Strafe, Bestrafung
fine [faɪn]	Geldstrafe, Bußgeld

police [pə'li:s]	Polizei
police officer	Polizist(in)
police station	Polizeiwache
policeman, policemen	Polizist(en)
policewoman, policewomen	Polizistin(nen)
crime [kraɪm]	Verbrechen
criminal ['krɪmɪnl]	Straftäter, Verbrecher
to steal [sti:l], stole [stəʊl], stolen ['stəʊln]	stehlen
theft [θi:f]	Diebstahl
thief [θeft], **thieves**	Dieb(e)
murder ['mɜ:də]	Mord
murderer ['mɜ:drə]	Mörder(in)
to arrest [ə'rest]	festnehmen, verhaften
↔ to escape	fliehen, entkommen
prison ['prɪzn]	Gefängnis

ban [bæn]	Verbot, Embargo
to impose a ban	ein Verbot verhängen
to lift a ban	ein Verbot aufheben
to forbid [fə'bɪd], forbad(e) [fə'bæd], forbidden [fə'bɪdn]	verbieten
to prohibit [prə'hɪbɪt]	verbieten, untersagen
prohibition [ˌprəʊɪ'bɪʃn]	Verbot
the prohibition of alcohol	Alkoholverbot
against orders [ə'gɛnst 'ɔ:dəz]	verbotenerweise
to keep [ki:p] **off**, kept [kept], kept [kept]	sich fernhalten, nicht betreten
Keep off the lawn!	Rasen nicht betreten

Soziale Konflikte (Social conflicts)

conflict ['kɒnflɪkt]	Konflikt, Zwiespalt
rumour ['ruːmə]	Gerücht
to start/spread a rumour	ein Gerücht verbreiten
to bully ['bʊlɪ] **sb**	jdn. drangsalieren
Her son was bullied on his way to school today.	
rival ['raɪvl]	Rivale
to quarrel ['kwɒrəl]	streiten, sich streiten
They always quarrel about money.	
to argue ['ɑːgjuː]	streiten, sich streiten
to insult [ɪn'sʌlt]	beleidigen, beschimpfen
victim ['vɪktɪm]	Opfer
violence ['vaɪəlns]	Gewalt
violent	gewalttätig
to break [breɪk] **the law, broke** [brəʊk], **broken** [brəʊkən]	das Gesetz brechen

discrimination [dɪˌskrɪmɪ'neɪʃn]	Diskriminierung
to discrimate against sb	jdn. diskriminieren
racial discrimination	Rassendiskriminierung
prejudice ['predʒədɪs]	Vorurteile
to be prejudiced against sb	ein Vorurteil gegen jdn. hegen
racism ['reɪsɪzm]	Rassismus
war [wɔː]	Krieg
civil war	Bürgerkrieg
to be at war with	Krieg führen gegen
to negotiate [nɪ'gəʊʃɪeɪt]	verhandeln
Teachers usually don't negotiate their right to give homework.	
compromise ['kɒmprəmaɪz]	Kompromiss
to compromise	Kompromisse schließen
We agreed to compromise on this issue.	
to come to a compromise	zu einem Kompromiss kommen
to reconcile ['rekənsaɪl]	versöhnen
revenge [rɪ'vendʒ]	Rache
to take revenge	sich rächen, Rache nehmen

Arbeit und Beschäftigung (Jobs and employment)

job [dʒɒb]	Arbeit
↔ jobless	arbeitslos
part-time job	Teilzeitjob
full-time job	Ganztagsjob
work [wɜːk]	Arbeit
to go to work	arbeiten gehen
at work	bei der Arbeit
labour ['leɪbə]	Arbeit, Anstrengung, Mühe
trade union (BE), labor union (AE)	Gewerkschaft
company ['kʌmpənɪ]	Firma, Unternehmen
profession [prə'feʃn]	Beruf
professional	professionell
occupation [ˌɒkjʊ'peɪʃn]	Beruf, Tätigkeit
to employ [ɪm'plɔɪ]	beschäftigen, anstellen
employer	Arbeitgeber
employee	Angestellte(r), Arbeitnehmer(in)
employed	angestellt, beschäftigt
↔ unemployed	arbeitslos

to earn [ɜːn]	verdienen
to earn a living	den Lebensunterhalt verdienen
salary ['sælrɪ]	Gehalt
income ['ɪŋkʌm]	Einkommen
income tax	Einkommenssteuer
to look for a job [dʒɒb]	auf Arbeitssuche sein
to apply [ə'plaɪ]	sich bewerben
He wants to apply for another job.	
application ['æplɪ'keɪʃn]	Bewerbung
to train ['treɪn]	ausbilden, sich ausbilden lassen
She started to train as a nurse.	
to become [bɪ'kʌm], became [bɪ'keɪm], become [bɪ'kʌm]	werden
to become a teacher	Lehrer werden
offer ['ɒfə]	Angebot
Peter got a good job offer right after university.	

Aufgepasst: Useful phrases for applying

in reply to your advertisement – mit Bezug auf Ihre Anzeige
I wish to apply for the post of ... – Ich möchte mich um die Stelle als ... bewerben.
I am writing to enquire about the possibility of joining your company on work placement. – Ich möchte mich erkundigen, ob die Möglichkeit besteht, in Ihrem Unternehmen ein Praktikum zu absolvieren.

opportunity [ˌɒpəˈtjuːnətɪ]	Gelegenheit, Möglichkeit
to increase [ɪnˈkriːs]	zunehmen, sich erhöhen
Unemployment is constantly increasing.	
increase [ˈɪnkriːs]	Zunahme, Erhöhung, Steigerung
rise [raɪz] (BE), **raise** [reɪz] (AE)	Gehaltserhöhung, Lohnerhöhung
busy [ˈbɪzɪ]	beschäftigt
Let's get busy!	An die Arbeit!
overtime [ˈəʊvətaɪm]	Überstunden
to manage [ˈmænɪdʒ]	leiten, führen
management [ˈmænɪdʒmənt]	Leitung, Führung
to dismiss [dɪsˈmɪs]	jdn. entlassen
to give someone notice	jdm. kündigen
to lose one's job	seine Arbeit verlieren

Berufe (Occupations)

clerk [klɑːk]	Büroangestellte(r)
bank clerk	Bankangestellte(r)
accountant [əˈkaʊntənt]	Buchhalter(in)
physician [fɪˈzɪʃn]	Arzt, Ärztin
medical doctor	Arzt, Ärztin
surgeon [ˈsɜːdʒn]	Chirurg(in)
veterinary surgeon (BE), veterinarian (AE)	Tierarzt, Tierärztin
dentist [ˈdentɪst]	Zahnarzt, Zahnärztin
pharmacist [ˈfaːrməsɪst]	Apotheker(in)
nurse [nɜːs]	Krankenschwester
male nurse	Krankenpfleger

teacher ['tiːtʃə]	Lehrer(in)
secretary ['sekrətrɪ]	Sekretär(in)
social worker ['səʊʃl ˌwɜːkə]	Sozialarbeiter(in)
scientist ['saɪəntɪst]	Wissenschaftler(in)
Albert Einstein can be called the first nuclear scientist.	
judge [dʒʌdʒ]	Richter(in)
architect ['ɑːkɪtekt]	Architekt(in)
Norman Foster, who is a famous architect, designed the "Reichstagskuppel" in Berlin.	
plumber ['plʌmə]	Installateur(in)
electrician [ˌɪlek'trɪʃn]	Elektriker(in)
mechanic [mɪ'kænɪk]	Mechaniker
technician [tek'nɪʃn]	Techniker(in)
engineer [ˌendʒɪ'nɪə]	Ingenieur(in)

artist ['ɑːtɪst]	Künstler(in)
sculptor ['skʌlptə], **sculptress** ['skʌlptrɪs]	Bildhauer(in)
Henry Moore is a famous sculptor.	
painter ['peɪntə]	Maler(in)
musician [mjuː'zɪʃn]	Musiker(in)
author ['ɔːθə]	Schriftsteller(in)
Charles Dickens is the author of "David Copperfield", a famous novel.	
poet [pəʊɪt]	Dichter(in)
actor ['æktə], **actress** ['æktrɪs]	Schauspieler(in)
dancer ['dɑːnsə(r)]	Tänzer(in)
director [dɪ'rektə]	Regisseur(in)

Aufgepasst: Die meisten Berufsbezeichnungen gelten sowohl für weibliche als auch für männliche Personen. Will man das Geschlecht besonders hervorheben, kann man dies mit den Zusätzen "man" / "woman" oder "male" / "female" tun:

Female plumbers are extremely rare.
Women teachers can also be quite strict.

Politik (Politics)

politics ['pɒlɪtɪks]	Politik
politician [ˌpɒlɪ'tɪʃn]	Politiker(in)
system ['sɪstəm]	System
democracy [dɪ'mɒkrəsɪ]	Demokratie
In Germany, the system of government is a democracy.	
democratic	demokratisch
↔ tyrannical	tyrannisch
party ['pa:tɪ]	Partei
Tony Blair belongs to the Labour Party.	
leader ['li:də]	Führer(in), Vorsitzende(r)
to govern ['gʌvn]	regieren
government ['gʌvnmənt] (BE), **administration** [ədˌmɪnɪ'streɪʃn] (AE)	Regierung
the Bush administration	die Regierung von (George W.) Bush
to elect [ɪ'lekt]	wählen
election [ɪ'lekʃn]	Wahlen
election campaign	Wahlkampf
president ['prezɪdənt]	Präsident(in)
minister ['mɪnɪstə]	Minister(in)
prime minister	Premierminister(in)
nation ['neiʃn]	Nation, Volk
Switzerland is an independant nation.	
national ['næʃnl]	national
citizen ['sɪtɪzn]	Bürger
community [kə'mju:nətɪ]	Gemeinschaft, Gemeinde
people ['pi:pl]	Volk
the American people	die amerikanische Bevölkerung
to vote [vəʊt]	wählen, abstimmen
vote	Abstimmung, Wahl
to support [sə'pɔ:t]	unterstützen
A lot of people supported the campaign.	

Great Britain – USA: zwei Staaten, zwei Systeme

Das politische System Großbritanniens

Zum Vereinigten Königreich Großbritannien (Hauptstadt: London) gehören England, Wales, Schottland und Nordirland. Die Staatsform ist eine parlamentarisch-demokratische Erbmonarchie des Hauses Windsor.

■ Der König bzw. die Königin ist das Staatsoberhaupt mit v. a. repräsentativen Aufgaben.
■ Die gesetzgebende Gewalt (Legislative) liegt beim Parlament, das aus dem **House of Commons** (= Unterhaus) und dem **House of Lords** (= Oberhaus) besteht.
Das House of Commons besteht aus 659 gewählten **Members of Parliament.** Sie werden in den mindestens alle fünf Jahre stattfindenden **general elections** von den Bürgern Großbritanniens gewählt. Die Mitglieder des House of Lords, die sog. peers, haben ihr Amt entweder geerbt, sind Vertreter des Klerus oder werden auf Vorschlag des Prime Minister ernannt.
■ Die vollziehende Gewalt (Exekutive) liegt in den Händen des **government**, an dessen Spitze der **Prime Minister** steht. Er ist der Führer der Mehrheitsfraktion im House of Commons und wird von der Königin ernannt. Der Prime Minister ernennt Minister, die mit ihm zusammen die Regierung bilden.

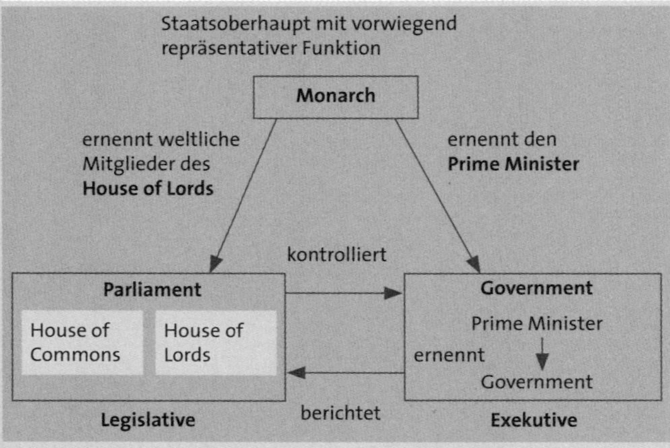

Das politische System der USA

Die USA sind eine präsidiale Republik mit bundesstaatlicher Verfassung. Zu den USA gehören 50 Bundesstaaten, Hauptstadt ist Washington, D. C.

■ Staatsoberhaupt ist der Präsident, der die exekutive Gewalt innehat; er ist außerdem Oberbefehlshaber der Streitkräfte.
■ Die gesetzgebende Gewalt ist der **Congress,** der aus dem **Senate** (100 auf sechs Jahre gewählte Mitglieder) und dem **House of Representatives** (= Repräsentantenhaus; 435 auf zwei Jahre gewählte Abgeordnete) besteht. Senat und Repräsentantenhaus sind weitgehend gleichberechtigt.
■ Die USA haben ein aus der **Democratic Party** (Demokratische Partei) und der **Republican Party** (Republikanische Partei) bestehendes Zweiparteiensystem. In einem mehrstufigen Wahlvorgang werden zunächst Wahlmänner ermittelt, bevor diese in den nationalen Präsidentschaftswahlen den Kandidaten ihrer Partei wählen. Diese Wahlen finden alle vier Jahre statt; der Präsident kann nur einmal wiedergewählt werden.
■ Legislative und Exekutive werden vom Supreme Court, dem obersten Gericht der USA, kontrolliert.

Legislative
- kann Gesetze vorschlagen
- billigt die Ernennungen des Präsidenten
- hat Finanzhoheit

hat Vetorecht, das mit $^2/_3$-Mehrheit des Congress überwunden werden kann

Exekutive

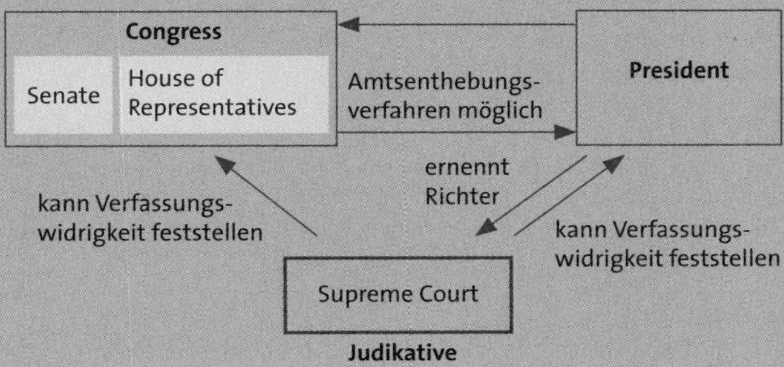

state [steɪt]	Staat
federal state	Bundesstaat
country ['kʌntrɪ]	Land
Ireland is a beautiful country.	
capital ['kæpɪtl]	Hauptstadt
to border ['bɔːdə]	grenzen an
border ['bɔːdə]	Grenze, Rand
on the borders of Germany and Switzerland	an der deutsch-schweizerischen Grenze
territory ['terɪtərɪ]	Territorium, Staatsgebiet
frontier ['frʌntɪə]	Grenze, Landesgrenze
flag [flæg]	Fahne, Flagge
anthem ['ænθəm]	Hymne
national anthem	Nationalhymne

Aufgepasst: "The Frontier"
Wenn in einem Text von "The Frontier" die Rede ist, ist damit der sog. „Wilde Westen" gemeint – also das Grenzgebiet der weißen Zivilisation auf dem nordamerikanischen Kontinent im 18. und 19. Jahrhundert.

White settlers often lived in a remote Frontier settlement.

Globalisierung (Global development)

global ['gləʊbl]	global, weltumspannend
population [ˌpɒpjʊ'leɪʃn]	Bevölkerung
World population is steadily growing.	
birth rate [bɜːθ reɪt]	Geburtenrate
↔ death rate	Zahl der Todesfälle, Sterberate
overpopulation [ˌəʊvəˌpɒpju'leiʃn]	Überbevölkerung
hunger ['hʌŋgə(r)]	Hunger, Unterernährung
In African countries, many children die of hunger.	
to starve [stɑːv]	verhungern
starvation [stɑː'veɪʃn]	Hungern, Aushungern
to die of starvation	verhungern
to survive [sə'vaɪv]	überleben
survival [sə'vaɪvl]	Überleben, Weiterleben
the survival of the fittest	das Überleben der Stärkeren

Land und Landschaft (Land and Landscape)

earth [ɜːθ]	Erde
ground [graʊnd]	Boden
The dog was lying on the ground.	
continent ['kɒntɪnənt]	Kontinent, Erdteil
Many people on the African continent are very poor.	
land [lænd]	Land, Festland
water ['wɔːtə]	Wasser
river ['rivə]	Fluss, Strom
The Mississippi is a very long river.	
stream [striːm]	Bach, Flüsschen
to flow [flaʊ]	fließen
lake [leik]	See
surface ['sɜːfɪs]	Oberfläche
The ocean's surface looks quite calm today.	
nature ['neɪtʃə(r)]	Natur, Landschaft
natural	natürlich
↔ artificial	künstlich

landscape ['lænskeɪp]	Landschaft
countryside ['kʌntrɪsaɪd]	Landschaft, Gegend
We love the Scottish countryside.	
valley ['vælɪ]	Tal
hill [hɪl]	Hügel
mountain ['maʊntɪn]	Berg
steep [stiːp]	steil
↔ shallow	flach
rock [rɒk]	Fels, Felsen
stone [stəʊn]	Stein
sand [sænd]	Sand
desert ['dezət]	Wüste
forest ['fɒrist]	Wald(gebiet)
wood(s) [wʊd(z)]	kleiner Wald
scenery ['siːnəri]	Natur
scenic	landschaftlich, malerisch
to take the scenic route	die landschaftlich schöne Strecke nehmen

7

Pflanzen und Tiere (Plants and animals)

plant [plɑ:nt]	Pflanze
tree [tri:]	Baum
They planted a tree in their garden.	
trunk [trʌŋk]	Baumstamm
branch [brɑ:nʃ]	Ast
twig [twig]	Zweig
leaf [li:f]	Blatt
fruit [fru:t]	Frucht
roots [ru:ts]	Wurzeln

flower ['flaʊə(r)]	Blume
a bunch of flowers	Blumenstrauß
flower pot	Blumentopf
bouquet [bʊ'keɪ]	Blumenstrauß, Bukett
to plant [plɑ:nt]	pflanzen
to sow [səʊ], sowed [səʊd], sown [səʊn]	säen
seed [si:d]	Samen
to dig [dɪg]	graben
to pick [pɪk]	pflücken
bush [bʊʃ]	Busch
grass [grɑ:s]	Gras, Rasen
rose [rəʊz]	Rose

wildlife ['waɪld,laɪf]	Tierwelt
animal ['ænɪml]	Tier
wild animals	wilde (frei lebende) Tiere
bird [bɜ:d]	Vogel
insect ['ɪnsekt]	Insekt
bee [bi:]	Biene
butterfly ['bʌtəflaɪ]	Schmetterling
fly [flaɪ]	Fliege
to fly [flaɪ], flew [flu:], flown [fləʊn]	fliegen
spider ['spaɪdə]	Spinne
spider web	Spinnennetz
reptile ['reptaɪl]	Reptil
fish [fɪʃ], **fish**	Fisch(e)
to fish [fɪʃ]	angeln, fischen

pet [pet]	Haustier
Do you have a pet?	
dog [dɒg]	Hund
to bark [baːk]	bellen
cat [kæt]	Katze
to miaow [mi'aʊ]	miauen
mouse [maʊs], **mice** [maɪs]	Mause, Mäuse
hamster ['hæmstə]	Hamster
guinea pig ['gɪnɪ ˌpɪg]	Meerschweinchen
to bite [baɪt], bit [bɪt], bitten [bɪtn]	beißen
cage [keɪdʒ]	Käfig

farm [fɑːm]	Bauernhof
farm animals	Bauernhoftiere
cow [kaʊ]	Kuh
cattle ['kætl]	Vieh, Rinder
pig [pig]	Schwein
sheep [ʃiːp], **sheep**	Schaf, Schafe
More than 30 million sheep live in New Zealand.	
goose [guːs], **geese** [giːs]	Gans, Gänse
duck [dʌk]	Ente
chicken ['tʃɪkɪn]	Huhn
hen [hen]	Henne
egg [eg]	Ei

zoo [zuː]	Zoo
My son loves going to the zoo.	
monkey ['mʌŋki]	Affe
lion ['laɪən]	Löwe
tiger ['taɪgə(r)]	Tiger
zebra ['zebrə]	Zebra
elephant ['elɪfant]	Elefant
bear [beə(r)]	Bär
brown bear	Braunbär
polar bear	Eisbär
koala bear	Koalabär
kangaroo [ˌkæŋgə'ruː]	Känguru
shark [ʃɑːk]	Hai

Farben (Colours)

rainbow ['reinbəʊ]	Regenbogen
colour ['kʌla] (BE), **color** (AE)	Farbe
colourful (BE), colorful (AE)	bunt, farbenfroh
black [blæk]	schwarz
white [waɪt]	weiß
black and white	schwarz-weiß
brown [braʊn]	braun
grey [greɪ] (BE), **gray** (AE)	grau
green [gri:n]	grün
blue [blu:]	blau
sky-blue	himmelblau
bluish	bläulich

purple ['pɜ:pl]	lila
red [red]	rot
orange ['ɔrɪndʒ]	orange
yellow ['jeləʊ]	gelb
I love yellow tulips.	
silver ['silvə]	silber
gold [gəʊld]	gold
dark [da:k]	dunkel
dark green	dunkelgrün
light [laɪt]	hell
light blue	hellblau

Umweltbelastung (Ecological damage)

pollution [pə'lu:ʃn]	Verschmutzung
environmental pollution	Umweltverschmutzung
to pollute [pə'lu:t]	verschmutzen
atmosphere ['ætməˌsfɪə]	Atmosphäre
climate change ['klaɪmɪt 'tʃeɪndʒ]	Klimawandel
to heat up	aufheizen
global warming	Erwärmung der Erdatmosphäre
greenhouse effect	Treibhauseffekt
exhaust gases [ɪg'zɔ:st gæsis]	Auspuffgase
acid rain [ˌæsɪd 'reɪn]	saurer Regen

waste [weɪst]	Abfall, Müll
industrial waste	Industrieabfall
chemical waste	chemischer Abfall
poisonous/toxic waste	giftiger Abfall
nuclear waste	radioaktiver Müll
endangered species [ɪn'deindʒə(r)d 'spiːʃiːz]	bedrohte Arten
to threaten ['θretn]	bedrohen
to destroy [dɪ'strɔɪ]	zerstören

energy ['enədʒɪ]	Energie
to develop alternative sources of energy	alternative Energien entwickeln / erforschen
solar energy	Sonnenenergie
wind power	Windkraft, Windenergie
energy consumption	Energieverbrauch
to protect [prə'tekt]	schützen vor, beschützen
protection [prə'tekʃn]	Schutz
environment [ɪnvaɪrənmənt]	Umwelt, Umgebung
environmental group	Umweltschutzgruppe
environmental disaster	Umweltkatastrophe
to reduce [rɪ'djuːs]	verringern, reduzieren, drosseln

Weltall (Space)

world [wɜːld]	Welt
sky [skaɪ]	Himmel
under the open sky	unter freiem Himmel
heaven	Himmel (im philosophischen Sinn)
space [speɪs]	Weltraum, Weltall
outer space	Weltraum, Weltall
sun [sʌn]	Sonne
sunrise ['sʌnraɪz]	Sonnenaufgang
to rise [raɪz], rose [rəʊz], risen ['rɪzn]	aufgehen
dawn [dɔːn]	Morgendämmerung
dusk [dʌsk]	Abenddämmerung
from dawn to dusk	von Sonnenaufgang bis Sonnenuntergang

moon [mu:n]	Mond
new moon	Neumond
full moon	Vollmond
star [stɑ:]	Stern
to shine [ʃaɪn], shone [ʃɒn], shone [ʃɒn]	scheinen
dark [dɑ:k]	dunkel
↔ bright	hell
darkness ['dɑ:knɪs]	Dunkelheit
shadow ['ʃædəʊ]	Schatten

rocket ['rɒkɪt]	Rakete
to launch [lɔ:ntʃ]	abschießen
The rocket was successfully launched.	
space craft ['speɪs krɑ:ft]	Raumschiff
space shuttle ['speɪs ˌʃʌtl]	Raumfähre, Spaceshuttle
universe ['ju:nɪvɜ:s]	Universum
galaxy ['gæləksɪ]	Galaxie
Milky Way [ˌmɪlkɪ 'weɪ]	Milchstraße
planet ['plænɪt]	Planet
orbit ['ɔ:bɪt]	Umlaufbahn

Wissenschaft und Technik (Science and technology)

science ['saɪəns]	Naturwissenschaft(en)
↔ arts	Geisteswissenschaften
scientific	wissenschaftlich
scientist ['saɪəntɪst]	Wissenschaftler
artificial [ˌɑ:tɪ'fɪʃl]	künstlich
↔ natural	natürlich
laboratory [lə'bɒrətrɪ]/**lab** [læb]	Labor
to cause [kɔ:z] **sth**	verursachen
Does smoking cause cancer?	
result [rɪ'zʌlt]	Ergebnis
to be the result of	Ergebnis/Folge sein von
consequence ['kɒnsɪkwəns]	Folge, Konsequenz
to have an effect on	eine Auswirkung haben auf

to develop [dɪveləp]	entwickeln
development [dɪ'veləpmənt]	Entwicklung
progress ['prəʊgres]	Fortschritt
technological progress	technologischer Fortschritt
to invent [ɪn'vent] **sth**	etwas erfinden
invention [ɪn'venʃn]	Erfindung
The wheel was a wonderful invention.	
to discover [dɪ'skʌvə(r)]	entdecken
discovery [dɪ'skʌvrɪ]	Entdeckung
research [rɪ'sɜːtʃ]	Forschung
to research	forschen, erforschen
to explore [ɪk'splɔː]	erforschen, erkunden
exploration [ekspl'ə'reɪʃn]	Erforschung

technology [tek'nɒlədʒɪ]	Technologie, Technik
process ['prəʊses]	Prozess, Verfahren
to process ['prəʊses]	verarbeiten
project ['prɒdʒekt]	Projekt, Vorhaben
test [test]	Test, Testverfahren
to manufacture [ˌmænjə'fæktʃə]	herstellen, fertigen
manufacturer	Hersteller(in)
machine [mə'ʃiːn]	Maschine
to operate a machine	eine Maschine bedienen
to switch [swɪtʃ] **on/off**	an-, ausschalten
to turn [ˌtɜːn] **on/off**	an-, ausschalten
gadget ['gædʒɪt]	Gerät, Vorrichtung

industry ['indəstrɪ]	Industrie
to produce [prə'djuːs]	produzieren, herstellen
product	Produkt
production	Produktion
producer	Produzent, Hersteller
factory ['fæktrɪ]	Fabrik, Werk
plant [plɑːnt]	Anlage, Produktionsanlage
trade [treɪd]	Handel, Branche, Gewerbe, Handwerk
the baking trade	Bäckerhandwerk
craft [krɑːft]	Kunsthandwerk, Kunstgewerbe
the potter's craft	Töpferhandwerk

THEMEMWORTSCHATZ

8 Rund um den Text

Texte schreiben (Writing texts)

to write [raɪt], wrote [rəʊt], written ['rɪtn]	schreiben
to write down	aufschreiben
text [tekst]	Text
textbook	Lehrbuch
to scribble ['skrɪbl]	kritzeln, hinkritzeln
scribble ['skrɪbl]	gekritzelter Entwurf
to describe [dɪ'skraɪb]	beschreiben
description [dɪ'skrɪpʃn]	Beschreibung
definition [ˌdefɪ'nɪʃn]	Definition, Begriffsbestimmung
by definition	per definitionem

Aufgepasst: to text = eine SMS versenden
Als Verb wird "to text" in der Bedeutung „eine SMS verschicken / versenden" verwendet:
Text me as soon as you've arrived!

to explain [ɪk'spleɪn]	erklären
explanation [ˌekspla'neiʃn]	Erklärung
to inform [ɪn'fɔːm]	informieren
information [ˌɪnfə'meɪʃn]	Information
to collect information	Informationen sammeln
to summarize ['sʌmraɪz]	zusammenfassen
summary ['sʌmrɪ]	Zusammenfassung, Inhaltsangabe
A summary gives brief information about a text or a subject.	
to convince [kən'vɪns]	überzeugen
to comment ['kɒment]	kommentieren, bemerken, äußern
comment ['kɒment]	Bemerkung, Kommentar
to discuss [dɪ'skʌs]	diskutieren, erörtern
discussion [dɪ'skʌʃn]	Diskussion, Erörterung

to note [nəʊt]	notieren
note [nəʊt]	Notiz
notebook	Notizbuch
to invite [ɪn'vaɪt]	einladen
invitation [ˌɪnvɪ'teɪʃn]	Einladung
to advertise ['ædvətaɪz]	werben, werben für
advertisement [əd'vɜːtɪsmənt]	Werbung, Anzeige, Reklame
leaflet ['liːflət]	Flugblatt, Handzettel
a leaflet advertising a new product	Reklamezettel
to report [rɪ'pɔːt]	berichten
report [rɪ'pɔːt]	Bericht, Reportage

to publish ['pʌblɪʃ]	veröffentlichen, herausbringen
publisher	Verleger
publication	Veröffentlichung
publication date	Erscheinungsdatum
article ['ɑːtɪkl]	Artikel
newspaper article	Zeitungsartikel
story ['stɔːri]	Geschichte
book [bʊk]	Buch
paperback ['peɪpəbæk]	Taschenbuch
title ['taɪtl]	Titel
to read [riːd], read [red], read [red]	lesen
reader	Leser(in)

literature ['lɪtrətʃə]	Literatur
fiction ['fɪkʃn]	fiktionale Literatur
↔ non-fiction	Sachtext
to be pure fiction	frei erfunden sein
fictional ['fɪkʃnl]	erfunden, fiktiv
short story [ʃɔːt 'stɔːrɪ]	Kurzgeschichte
novel ['nɒvl]	Roman
poem ['pəʊɪm]	Gedicht
subject ['sʌbdʒɪkt]	Thema, Gegenstand
to change the subject	das Thema wechseln
theme [θiːm]	(übergeordnetes) Thema
form [fɔːm]	Form
to choose another form of words	andere Worte wählen, etwas anders formulieren

8

Den richtigen Ton treffen

Wer eine Sprache beherrschen will, der sollte nicht nur viele Vokabeln kennen, sondern auch in der Lage sein, Wörter **idiomatisch und stilistisch angemessen** zu verwenden. Deshalb sind ein paar Grundkenntnisse hinsichtlich der unterschiedlichen Sprachvarianten sehr nützlich.

Dialekt, Stil, Register

Es gibt Situationen, in denen sich einzelne Sprecher einer Sprache von anderen Sprechern abgrenzen, indem sie z. B. Dialekt reden oder viele Fachbegriffe verwenden. Solche Sprachvarianten unterscheiden sich von der Standardsprache, die sich an den Normen der geschriebenen Sprache orientiert, wie folgt:

Sprachvarianten

Dialekt (dialect)	**Stil (style)**	**Sprachebene (register)**
▪ regional und/oder sozial bedingte Variante einer Sprache ▪ weist phonetische (= lautliche), grammatikalische und lexikalische Besonderheiten auf ▪ tritt v. a. im Mündlichen auf	▪ Form der Sprachverwendung, die sich stark an festgelegte formale Regeln hält ▪ situations- und umgebungsabhängig ▪ nicht regional begrenzt ▪ kann mündlich und schriftlich angewendet werden	▪ geht häufig mit speziellen Themen oder Funktionen (z. B. Werbung) einher ▪ tritt auf in bestimmten Berufsgruppen (z. B. Juristen, Ärzte) ▪ nicht regional begrenzt ▪ tritt im Mündlichen und Schriftlichen auf

Literary English, colloquial English und *slang* sind *style-* und *register*-Varianten der Standardsprache *(standard English).*

Standardsprache

Literary English	Colloquial English	Slang
■ in Wissenschaft und Dichtung ■ formal richtige Sprachvariante	■ informelle Alltagssprache ■ viele Abkürzungen (z. B. flu statt influenza)	■ informell, ungeeignet für formale Situationen ■ ständig im Wandel ■ wird gesprochen oder gesungen

Formal und *informal English*

Je nach Gesprächssituation gibt es für dieselbe Aussage unterschiedliche Formulierungsmöglichkeiten. Formelle Wörter sind oft an ihrem lateinischen oder griechischen Ursprung erkennbar, of weisen sie auch grammatische Besonderheiten auf.

Formelle Wörter / Wendungen	Informelle Entsprechungen
to encounter	to meet
assistance	help
to menace	to threaten
to elucidate	to explain
to extinguish	to put out
Would you please stop talking?	Be quiet! Shut up!

Formelle Grammatikkonstruktionen	Informelle grammatische Entsprechungen
■ Verwendung des Personalpronomens *one* ■ Nominalstil ■ Verwendung zahlreicher Gerundien	■ Verwendung des Personalpronomens *you* ■ verbale Ausdrucksweise ■ Verwendung von Relativsätzen und anderen Nebensatzarten

drama ['drɑːmə]	Schauspiel, Drama
comedy	Komödie
↔ tragedy	Tragödie
play [pleɪ]	Theaterstück
act [ækt]	Akt
scene [siːn]	Szene
stage [steɪdʒ]	Bühne
theatre ['θɪətə(r)] (BE), **theater** (AE)	Theater
epic theatre ['epik 'θɪətə(r)]	episches Theater

to print [prɪnt]	drucken
press [pres]	Presse
newspaper ['njuːsˌpeɪpə]	Zeitung
paper ['peɪpə]	Papier, Zeitung
magazine [mægə'ziːn]	Zeitschrift
issue ['ɪʃuː]	Ausgabe
headline ['hedlaɪn]	Schlagzeile
to edit ['edɪt]	herausgeben, redigieren
editor ['edɪtə(r)]	Herausgeber
letter to the editor	Leserbrief
publisher's editor	Verlagslektor

Einen Brief schreiben (Writing a letter)

letter ['letə(r)]	Brief
letter of application	Bewerbungsschreiben
letter box ['letə ˌbɔks] (BE), **mail box** ['meɪl bɑːks] (AE)	Briefkasten
post ['pəʊst] (BE), **mail** ['meɪl] (AE)	Post
by post/mail	mit der Post
in the post/mail	in der Post
to mail ['meɪl]	mit der Post schicken, versenden
postcode ['pəʊstˌkəʊd]/**postal code** ['pəʊstl ˌkəʊd] (BE), **zip code** ['zɪp ˌkoʊd] (AE)	Postleitzahl

post office ['pəʊst ˌɒfɪs]	Postamt
post office box (= PO box)	Postfach
postcard ['pəʊstkaːd]	Postkarte
stamp [stæmp]	Briefmarke

postage ['pəʊstɪdʒ]	Porto, Postgebühr
postage and packing	Porto und Verpackung
post-paid ['pəʊstpeɪd]	portofrei, frankiert
to reply post-paid	mit freigemachter Postkarte / Rückumschlag antworten
email	E-Mail
electronic mail	elektronische Post

Texte analysieren (Analysing texts)

to analyse ['ænəlaɪz]	analysieren
analysis [ə'næləsɪs]	Analyse, Untersuchung
text analysis	Textanalyse
main idea [meɪn 'aɪ'dɪə]	Hauptgedanke, Hauptthese
to interpret [ɪnˌtɜːprɪt]	interpretieren
interpretation	Interpretation
to review [rɪ'vjuː]	rezensieren, besprechen
review	Rezension, Besprechung
reviewer	Rezensent, Kritiker
critic ['krɪtɪk]	Kritiker
He is a very famous literary critic.	
to characterize ['kærəktəraɪz]	charakterisieren
characterization [ˌkærəktəraɪ'zeɪʃn]	Charakterisierung
character [ˌkærəktə(r)]	(fiktive) Figur

literature ['lɪtrətʃə(r)]	Literatur
literary	literarisch
author ['ɔːθə]	Autor(in)
setting ['setɪŋ]	Schauplatz
protagonist [prəʊ'tægənɪst]	Hauptfigur, Protagonist(in)
action ['ækʃn]	Handlung
plot [plɒt]	Handlungsaufbau
to lose the plot	den Faden verlieren
ending ['endɪŋ]	Ende
happy ending ['hæpi 'endɪŋ]	Happy End
conclusion [kən'kluːʒn]	Schluss, Schlussfolgerung
to conclude	enden, schließen, schlussfolgern
The texts concludes by saying that ...	

8

to begin [bɪ'gɪn], began [bɪ'gæn], begun [bɪ'gʌn]	beginnen, anfangen
to begin with	erstens
to introduce [ɪntrə'dju:s]	vorstellen, einführen
introduction [ˌɪntrə'dʌkʃn]	Vorstellung, Einführung
to mention ['menʃn]	erwähnen
to go [gəʊ] **on**, went [went], gone [gɒn]	fortfahren, weitermachen
to carry on [ˌkærɪ 'ɒn]	weitermachen, weitergehen
to point out [pɔɪnt 'ɔʊt] **sth**	auf etwas hinweisen / aufmerksam machen

to narrate [nə'reɪt]	erzählen, schildern
narration [nə'reɪʃn]	Erzählung, Schilderung
narrator [nə'reɪtə]	Erzähler
first person narrator	Ich-Erzähler
third person narrator	Er-Erzähler
omniscient narrator	allwissender Erzähler
perspective [pə'spektɪv]	Perspektive, Blickwinkel
point of view ['pɔɪnt əv 'vju:]	Standpunkt, Erzählperspektive
limited point of view	eingeschränkte Erzählperspektive
biography [baɪ'ɒgrəfɪ]	Biografie
autobiography	Autobiografie
essay ['eseɪ]	Aufsatz, Essay
diary ['daɪ'ərɪ]	Tagebuch, Terminkalender
to keep a diary	Tagebuch führen

page [peɪdʒ]	Seite
What page are we on, please?	
to turn [tɜ:n]	blättern, umblättern
Turn to page 65, please.	
line [laɪn]	Zeile
paragraph ['pærəgrɑ:f]	Absatz
chapter ['tʃæptə]	Kapitel
function ['fʌŋkʃn]	Funktion, Bedeutung
to underline [ˌʌndə'laɪn]	unterstreichen
to criticize ['krɪtɪsaɪz]	kritisieren
to quote [kwəʊt]	zitieren
quotation [kwəʊ'teɪʃn]	Zitat

Satzverbindungen ... (Sentence connectives)

... zur Angabe von Zeit und Reihenfolge:	
when [wen]	als
as [æz/əz]	als, während
as soon as	sobald
after that ['ɑːftə(r) ðæt], **afterwards** ['ɑːftəwədz]	danach
at first [ˌæt/ˌət 'fɜːst]	zuerst
during ['djʊərɪŋ]	während
during the summer	
while [waɪl]	während
while I was in Paris	
later ['leɪtə]	später
no sooner ... than [nəʊ suːnə(r) ... ðan]	nicht bevor
firstly ['fɜːstli]	erstens
secondly ['sekəndli]	zweitens
then [ðan]	dann

... zur Angabe von Grund und Ursache:	
moreover [mɔːr'əʊvə(r)]	außerdem, überdies
for [fɔː]	denn
because [bɪ'kɒz]	weil
since [sɪns]	da
so that / so ... that [səʊ 'ðæt]	sodass / so … dass
... zur Angabe der Folge bzw. des Ergebnisses:	
consequently ['kɒnsɪkwəntli]	folglich
as a result [rɪzʌlt]	demzufolge
at last [ˌæt/ˌət 'lɑːst]	schließlich
finally ['faɪnlɪ]	schließlich, endlich
... zur Darstellung eines Gegensatzes oder Vergleichs:	
but [bʌt]	aber
whereas [weər'æz]	während, wohingegen
while [waɪl]	während, wohingegen
as ... as [æz]	so … wie
as if [æz ... ɪf]	als ob

Im Mittelpunkt des *Creative writing* steht das Verfassen eines eigenständigen, neuen Textes.

1

Aufgabenstellung begreifen

Soll der Text am Ende
- sachlich und informativ oder
- fantasievoll und eher literarisch sein?

Merke: Die Textart bestimmt den formalen Aufbau und die Wortwahl eines Textes!

2

Bezugspunkte klären und berücksichtigen

Verfassen eines Sachtextes

- Muss der Text formalen Kriterien genügen?

Finde heraus, um welche Kriterien es sich dabei handelt und berücksichtige sie beim späteren Schreiben.

Ein Leserbrief hat beispielsweise immer
- eine Anrede,
- einen konkreten Bezug (Ihr Artikel vom …),
- eine inhaltliche Struktur, die argumentativ aufgebaut ist,
- und endet mit Namen und Wohnort des Leserbrief-Schreibers.

- Welches Thema steht zur Diskussion?

Finde geeignete Argumente und ordne sie.

- Baue die Argumente reihend und setze das schlagkräftigste Argument ans Ende.
- Man kann den Text auch dialektisch gliedern, indem auf ein Argument immer ein passendes Gegenargument folgt, das aber am besten gleich wieder entkräftet wird.

- Wortwahl an den Text anpassen

Sachtexte zeichnen sich aus durch eine präzise Wortwahl und werden eher knapp gehalten.

- Verwende Fachbegriffe korrekt und erkläre sie gegebenenfalls.
- Abkürzungen müssen aufgelöst werden und ausschmückende Adjektive müssen entfallen.
- Verwende keine informellen oder umgangssprachlichen Ausdrücke oder Kurzwörter (↑S. 80).

Verfassen eines fantasievollen bzw. literarischen Textes

- Einen Text ergänzen
  - Ausgangssituation klären

    Wer handelt in welcher Situation?
  - Ideen sammeln

    zum Text passende Handlungen und Gedanken überlegen · logische Brüche vermeiden
  - Text schreiben

    formale Vorgaben berücksichtigen · passende Stilebene wählen

- Perspektiven wechseln
  - Erzählperspektive klären

    Wer weiß was?
  - Ideen sammeln

    auf interessanten Fortgang der Handlung achten
  - Text schreiben

    wörtliche Rede und ggf. innere Monologe einbauen · Sprachebene passend zur Figur wählen

- Texte umwandeln
  - Textgattung von Ausgangs- und Zieltext bestimmen
  - inhaltliche Aspekte des Ausgangstexts bestimmen und an die formalen Vorgaben des Zieltextes anpassen
  - neuen Text schreiben

- Freies Schreiben
  - Textgattung wählen und formale Kriterien beachten

    Brief? Roman? Gedicht?
  - Handlung ausdenken

    Figuren festlegen und charakterisieren
  - Text schreiben

    passende Sprachebene wählen · Handlung logisch aufbauen und spannend schildern · ausschmückende Adjektive und wörtliche Rede verwenden

3 Den Text verbessern

Den fertigen Text gründlich und kritisch durchlesen.

THEMENWORTSCHATZ

9 Zahlen, Formen, Maße

Kardinalzahlen (Cardinal numbers)

number ['nʌmbə]	Zahl, Anzahl, Nummer
one [wʌn]	eins
two [tuː]	zwei
three [θriː]	drei
four [fɔː]	vier
five [faɪv]	fünf
six [sɪks]	sechs
seven ['sevn]	sieben
eight [eɪt]	acht
nine [naɪn]	neun
ten [ten]	zehn

eleven [ɪ'levn]	elf
twelve [twelf]	zwölf
thirteen [ˌθɜː'tiːn]	dreizehn
twenty ['twentɪ]	zwanzig
thirty ['θɜːtɪ]	dreißig
fourty ['fɔːtɪ]	vierzig
fifty ['fɪftɪ]	fünfzig
sixty ['sɪkstɪ]	sechzig
seventy ['sevntɪ]	siebzig
eighty ['eɪtɪ]	achtzig
ninety ['naɪntɪ]	neunzig

a/one hundred ['hʌndrəd]	hundert
a/one thousand ['θaʊznd]	tausend
a million ['mɪljən]	(eine) Million
a billion ['bɪljən]	(eine) Milliarde
once [wʌns]	einmal
twice [twaɪs]	zweimal
three times ['θriː taɪmz]	dreimal

Ordinalzahlen (Ordinal numbers)

first (1st) [fɜːst]	erstens, erste(r)
second (2nd) ['seknd]	zweitens, zweite(r)
third (3rd) [θɜːd]	drittens, dritte(r)
fourth (4th) [fɔːθ]	viertens, vierte(r)
fifth (5th) [fɪfθ]	fünftens, fünfte(r)
sixth (6th) [sɪksθ]	sechstens, sechste(r)
seventh (7th) ['sevnθ]	siebtens, siebte(r)
eighth (8th) [eɪtθ]	achtens, achte(r)
ninth (9th) [naɪnθ]	neuntens, neunte(r)
etc	
twenty-first (21st) ['twentɪ'fɜːst]	einundzwanzigstens, einundzwanzigste(r)
etc	

Aufgepasst: Null ist nicht gleich Null!
Im Englischen wird die Null unterschiedlich gesprochen:
0 = "zero" in der Mathematik und den Naturwissenschaften
0 = [əʊ] beim Aufzählen von Zahlenreihen, z. B. Telefonnummern
0 = "nil" für den Punktestand im Sport (nur im Tennis ist 0 = "love"!)

Zahlen in der Mathematik (Numbers in mathematics)

plus [plʌs]	plus
minus ['maɪnəs]	minus
to add [æd]	addieren
addition [ə'dɪʃn]	Addition
to subtract [səb'trækt]	abziehen, subtrahieren
subtraction [səb'trækʃn]	Subtraktion
multiplied by ['mʌltɪplaɪd 'baɪ]	multipliziert mit
times [taɪmz]	multipliziert mit, mal
to equal ['iːkwəl]	ergeben
3 times 4 equals twelve.	
divided by [dɪ'vaɪdɪd 'baɪ]	geteilt durch
squared (5^2) [skweəd]	im Quadrat (5 im Quadrat)
cubed (7^3) [kjuːbd]	kubik / hoch 3 (7 hoch 3)
square root of [skweə(r) ruːt əv]	Wurzel aus
to find the roots	Wurzeln ziehen
The square root of 9 is 3.	

9

Dezimal- und Bruchzahlen (Decimals and fractions)

decimal ['desɪml]	dezimal (= auf die Grundzahl 10 bezogen)
to three decimal places	auf drei Dezimalstellen
decimal point	Komma
decimals	Dezimalzahlen
fraction ['frækʃn]	Bruchzahl
a half/one half ['hɑːf]	ein halb
a third/one third ['θɜːd]	ein drittel
a/one quarter ['kwɔːtə] (BE), **a/one fourth** ['fɔːθ] (AE)	ein viertel
one twelfth ['twelfθ]	ein zwölftel
per cent [pə 'sənt] (BE), **percent** [pər'sənt] (AE)	Prozent
percentage [pə'səntɪdʒ]	Prozentzahl, Anteil

Aufgepasst: Höhere Bruchzahlen werden im Englischen mithilfe der Präposition "over" ausgesprochen:

$\frac{37}{85}$ → **thirty-seven over eighty-five**

$\frac{45}{267}$ → **forty-five over two six seven**

Statistiken (Statistics)

figure ['fɪgə] *The latest figures tell us that taxes have risen about 20 per cent.*	Zahl, Summe
statistic [stə'tɪstɪk]	Statistik
to show [ʃəʊ], showed [ʃəʊd], shown [ʃəʊn]	zeigen, aufzeigen
chart [tʃɑːt]	Tabelle, Schaubild, Diagramm
to keep a chart of sth	etwas in eine Tabelle eintragen
bar chart	Säulendiagramm
flow chart	Flussdiagramm
pie chart	Kuchendiagramm
to add up [æd ʌp]	zusammenzählen, zusammenrechnen
to add up to	ergeben, sich belaufen

Geometrische Formen (Geometrical shapes)

shape [ʃeɪp]	Form, Gestalt
circle ['sɜːkl]	Kreis
curve [kɜːv]	Kurve
dot [dɒt]	Punkt
to dot	mit einem Punkt versehen
semicircle ['semisɜːkl]	Halbkreis
round [raʊnd]	rund
square [skweə(r)]	Quadrat, quadratisch
He folded the paper into a square.	
The new museum is a square building.	
cube [kjuːb]	Würfel
dice	(Spiel)würfel
to roll dice	würfeln
rectangle ['rektæŋgl]	Rechteck
rectangular ['rektæŋgjələ(r)]	rechteckig
triangle ['traɪæŋgl]	Dreieck
triangular ['traɪæŋgjələ(r)]	dreieckig

Maßeinheiten (Measures)

length [leŋθ]	Länge
width [wɪdθ]	Breite
height [haɪt]	Höhe
to measure ['meʒə(r)]	messen
metre ['miːtə(r)] (BE), **meter** (AE)	Meter
centimetre (BE), centimeter (AE)	Zentimeter
kilometre (BE), kilometer (AE)	Kilometer
weight [weɪt]	Gewicht
to weigh [weɪ]	wiegen
gram(me) [græm]	Gramm
kilogram(me) ['kɪləgræm]	Kilogramm
kilo	Kilo
ton [tʌn]	Tonne
volume ['vɒljuːm]	Volumen, Inhalt
litre ['litə(r)] (BE), **liter** (AE)	Liter

Nicht metrische Maßeinheiten

Anders als in zahlreichen Ländern beziehen sich in einigen englischsprachigen Ländern Entfernungen, Größen und Gewichte nicht auf den Meter und das Kilogramm.

Nicht metrische Längenangaben			
1	inch		= 25,4 mm
12	inches	= 1 foot (ft)	= 30,48 cm
3	feet	= 1 yard	= 0,914 m
1760	yard	= 1 mile	= 1,609 km
1	mile		= 1,609 km

Nicht metrische Flächenangaben			
1	square (sq) inch		= 6,452 cm²
144	sq inches	= 1 sq foot	= 929,03 cm²
9	sq feet	= 1 sq yard	= 0,836 m²
4840	sq yard	= 1 acre	= 0,405 ha
640	acres	= 1 sq mile	= 2,59 km² / 259 ha

Nicht metrische Gewichtsangaben			
1	ounce (oz)		= 28,35 g
16	ounces	= 1 pound (lb)	= 0,454 kg
14	pounds	= 1 stone (st)	= 6,356 kg
8	stone	= 1 hundredweight (cwt)	= 50,8 kg
20	cwt	= 1 ton	= 1016,04 kg

Aufgepasst: Mit den gleichen Begriffen werden in den USA und Großbritannien unterschiedliche Mengen angegeben.

Nicht metrische Angaben zum Fassungsvermögen		
	Great Britain	**USA**
1 pint	= 0,568 l	= 0,473 l
1 quart	= 1,136 l	= 0,946 l
1 gallon	= 4,546 l	= 3,785 l

10 THEMENWORTSCHATZ Zeit, Ort, Richtung

Zeitbegriffe (Defining time)

present ['preznt]	Gegenwart
at present/at the moment	zurzeit, im Moment
past [pɑːst]	Vergangenheit
in the past	in der Vergangenheit, früher
future ['fjuːtʃə(r)]	Zukunft
in future	in Zukunft
today [tə'deɪ]	heute
yesterday ['jestədeɪ]	gestern
tomorrow [tə'mɒrəʊ]	morgen

Jahreszeiten und Monate (Seasons and months)

season ['siːzn]	Jahreszeit
spring [sprɪŋ]	Frühling
summer ['sʌmə(r)]	Sommer
autumn ['ɔːtəm] (BE), **fall** [fɔːl] (AE)	Herbst
winter ['wɪntə(r)]	Winter
month [mʌnθ]	Monat

January ['dʒænjuəri]	Januar
February ['februəri]	Februar
March [mɑːtʃ]	März
April ['eɪprəl]	April
May [meɪ]	Mai
June [dʒuːn]	Juni
July [dʒu'laɪ]	Juli
August ['ɔːgəst]	August
September [sep'tembə(r)]	September
October [ɒk'təʊbə(r)]	Oktober
November [nəʊ'vembə(r)]	November
December [dɪ'sembə(r)]	Dezember

Wochen- und Feiertage (Days of the week and holidays)

week [wiːk]	Woche
weekday ['wiːkdeɪ]	Wochentag
weekend [ˌwiːk'end]	Wochenende
I'm looking forward to next weekend.	
fortnight ['fɔːtnaɪt]	vierzehn Tage
Monday ['mʌndeɪ]	Montag
Tuesday ['tjuːzdeɪ]	Dienstag
Wednesday ['wenzdeɪ]	Mittwoch
Thursday ['θɜːzdeɪ]	Donnerstag
Friday ['fraɪdeɪ]	Freitag
It's Friday today, isn't it?	
Saturday ['sætədeɪ]	Samstag
Sunday ['sʌndeɪ]	Sonntag

Aufgepasst: Die Wochen- und Feiertage werden im Englischen immer großgeschrieben!

Last Sunday, we went out for lunch.
We get no presents at Easter, only Easter eggs.

public holiday ['pʌblɪk 'hɒlədeɪ]	gesetzlicher Feiertag
bank holiday [bæŋk 'hɒlədeɪ] (BE), **legal holiday** ['liːgl 'hɒlədeɪ] (AE)	gesetzlicher Feiertag
New Year [njuː jɪə(r)]	Neujahr
New Year's Eve	Silvester
New Year's Day	Neujahrstag
Easter ['iːstə(r)]	Ostern
Good Friday	Karfreitag
Easter Sunday	Ostersonntag
Easter Monday	Ostermontag
Whitsun ['wɪtsn]	Pfingsten
Halloween [ˌhæləʊ'iːn]	Halloween
Thanksgiving [ˌθæŋks'gɪvɪŋ]	Erntedank
Christmas ['krɪsməs]	Weihnachten
Christmas Eve	Heiligabend
Christmas Day	25. Dezember
Boxing Day (BE)	26. Dezember

Tageszeiten (Times of day)

day [deɪ]	Tag
morning ['mɔːnɪŋ]	Morgen
noon [nuːn]	Mittag
afternoon [aːftə'nuːn]	Nachmittag
evening ['iːvniŋ]	Abend
night [naɪt]	Nacht
day and night	Tag und Nacht, immer
tonight [tə'naɪt]	heute Abend
See you tonight!	
daily ['deɪli]	täglich

Uhrzeit (Telling the time)

time [taɪm]	Zeit, Uhrzeit
Excuse me, what time is it?	
What's the time, please?	
hour ['aʊə(r)]	Stunde
minute ['mɪnɪt]	Minute
second ['sekənd]	Sekunde
a quarter ['kwɔːtə(r)] **to**	viertel vor
a quarter past ['kwɔːtə(r) paːst]	viertel nach
half past [haːf paːst]	halb [nach]
a.m. [ˌeɪ'em]	vormittags (alle Uhrzeiten
(lat. ante meridiem)	zwischen 1 und 12 Uhr)
p.m. [ˌpiː'em]	nachmittags (alle Uhrzeiten
(lat. post meridiem)	zwischen 13 und 24 Uhr)
o'clock [ə'klɒk]	Uhr
It's seven o'clock in the morning.	

midnight ['mɪdnaɪt]	Mitternacht
noon [nuːn]	12 Uhr mittags
around [ə'raʊnd]	um, gegen
around ten o'clock	gegen zehn Uhr
about [ə'baʊt]	ungefähr
about noon	ungefähr um zwölf Uhr mittags
in time [ɪn taɪm]	rechtzeitig
ahead of time [ə'hed əv taɪm]	zu früh
behind time [bɪ'haɪnd taɪm]	zu spät

Abfolge und Wiederholung (Sequence and repetition)

first [fɜːst]	zuerst, erstens
in the first place	zuallererst, erstens, an erster Stelle
second ['sekənd]	zweitens
third [θɜːd]	drittens
then [ðen]	dann, danach
next [nekst]	als Nächster / Nächste / Nächstes
before [bɪfɔː(r)]	bevor
after ['ɑːftə(r)]	danach
while [waɪl]	während
during ['djʊərɪŋ]	während
later [leɪtə(r)]	später
earlier ['ɜːlɪə(r)]	früher

Aufgepasst: Engl. "while" kann genau wie dt. „während" sowohl Gleichzeitigkeit (temporaler Gebrauch) als auch einen Gegensatz (adversativer Gebrauch) ausdrücken. Das engl. "whereas" hingegen dient ausschließlich der Darstellung von Gegensätzen.

While he was having dinner, the telephone rang twice. – Während er zu Abend aß, klingelte das Telefon zweimal.

While I love Scandinavia, my husband prefers southern countries. – Während ich Skandinavien liebe, bevorzugt mein Mann südliche Länder.

Human beings are capable of thinking whereas animals are not. – Menschen können denken, während Tiere das nicht können.

to begin [bɪ'gɪn], began [bɪ'gæn], begun [bɪ'gʌn]	beginnen, anfangen
It begins to rain.	
to start [stɑːt]	beginnen, anfangen
It starts raining.	
before [bɪ'fɔː(r)]	vor, davor, vorher
to end [end]	enden, beenden
end	Ende
at the end of the week	Ende der Woche
to finish ['fɪnɪʃ]	beenden, abschließen
after ['ɑːftə(r)]	nach
after that	danach

just [dʒʌst]	gerade, soeben
They have just left.	
still [stɪl]	noch, immer noch
already [ɔːl'redi]	schon
soon [suːn]	bald
sooner or later	früher oder später
as soon as possible	so schnell wie möglich
yet [jet]	noch, bis jetzt, bisher
I haven't seen her yet.	
now [naʊ]	jetzt, nun
recent ['riːsnt]	kürzlich
recently	vor Kurzem, kürzlich
again [ə'gen]	wieder
again and again/time and again	immer wieder
often ['ɒfn]	häufig, oft
frequent ['friːkwənt]	häufig, wiederholt
frequently	häufig
sudden ['sʌdn]	plötzlich
suddenly	plötzlich, auf einmal
immediate [ɪ'miːdiət]	sofortig, umgehend
immediately	sofort, gleich
urgent ['ɜːdʒənt]	dringlich, dringend
urgently	dringend
timing ['taɪmɪŋ]	Timing
a good/perfect/bad timing	ein guter / perfekter / schlechter Zeitpunkt
time-out ['taɪmaʊt]	Auszeit
in no time [in nəʊ taɪm]	im Nu, im Handumdrehen
Dad repaired my bike in no time.	
from time to time [frəm taɪm tu taɪm]	von Zeit zu Zeit, dann und wann
this time [ðɪs taɪm]	dieses Mal
at all times [ət ɔːl taɪmz]	immer, jederzeit
Our staff is ready to assist you at all times.	
timeless ['taɪmləs]	zeitlos
This furniture is of timeless beauty.	

Phrasal verbs und prepositional phrases

Im Englischen gibt es in der Umgangssprache zahlreiche Verben, die in Verbindung mit einer Präposition oder einem Adverb eine andere Bedeutung haben als das Verb allein. Diese **phrasal verbs** muss man als feststehende Ausdrücke lernen.

phrasal verbs mit "to get" (Auswahl)	
to get about	sich bewegen können; herumkommen, sich herumsprechen, sich verbreiten
to get ahead	vorankommen, sich einen Vorsprung verschaffen
to get along	gehen, sich auf den Weg machen; mit jdm. zurechtkommen, auskommen
to get away	wegkommen, entkommen, entwischen
to get off	aussteigen, absteigen
to get out	herauskommen, hinausgehen
to get over with	hinter sich bringen
to get up against	sich anlegen mit

phrasal verbs mit "to look" (Auswahl)	
to look about	sich umsehen
to look after	sich kümmern um
to look ahead	nach vorne schauen, vorausschauen
to look around	sich umsehen
to look out for	Ausschau halten nach
to look to (+ Akk.)	sich verlassen auf

phrasal verbs mit "to put" (Auswahl)	
to put about	verbreiten, in Umlauf bringen
to put across	verständlich machen, klar zum Ausdruck bringen
to put away	einräumen, aufräumen
to put back	zurückstellen, zurücksetzen, zurücklegen
to put forward	vorbringen
to put off	ablegen, ausziehen; aufschieben, verschieben
to put out	hinausbringen; vergeben

Im Unterschied zu den *phrasal verbs* haben die **prepositional phrases** (= präpositionalen Wendungen) kein Verb als Bestandteil. Auch für sie gilt, dass sie im Deutschen häufig keine direkte Entsprechung haben bzw. dass der entsprechende deutsche Ausdruck keine oder eine andere Präposition enthält.

prepositional phrases (Auswahl)	
at first sight	auf den ersten Blick
at last	endlich
at least	mindestens
at war	im Krieg
by accident	zufällig
by bus / car / plane	mit dem Bus / Auto / Flugzeug
by mistake	aus Versehen
by post	mit der Post
by Shakespeare	von Shakespeare
for a change	zur Abwechslung
in any case	auf jeden Fall
in cash	bar
in common	gemeinsam
in English	auf Englisch
in love	verliebt
in my opinion	meiner Meinung nach
in principle	im Prinzip
in the long run	auf Dauer
in writing	schriftlich
on fire	in Brand
on foot	zu Fuß
on his / her own	allein
on holiday	im Urlaub
on purpose	mit Absicht
on strike	im Streik
on television	im Fernsehen
on the radio	im Radio
on the phone	am Telefon
on the one hand	einerseits
on the other hand	andererseits

Ort und Raum (Defining place)

place [pleɪs]	Platz, Stelle
from place to place	von einem Ort zum anderen
to place [pleɪs]	platzieren
space [speɪs]	Raum
time and space	Zeit und Raum
here [hɪə(r)]	hier, hierher
there [ðeə(r)]	dort, da, dorthin
near [nɪə(r)]	nahe
nearby [ˌniə'baɪ]	in der Nähe, nahe gelegen
close [kləʊz]	nahe, in der Nähe
Is Berlin close to Hamburg?	
distance ['dɪstəns]	Entfernung, Abstand
distant ['dɪstənt]	(weit) entfernt, fern
far [fɑː(r)]	weit
further ['fɜːðə(r)]	weiter
further on	weiter, weiter entfernt
opposite ['ɒpəzɪt]	entgegengesetzt, gegenüberliegend
to face [feɪs]	gegenüberstehen, gegenüber sein
situated ['sɪtʃueɪtɪd]	gelegen
Their house is beautifully situated at the oceanfront.	
next to [nekst tu]	neben
side [saɪd]	Seite
by/at the side of sth	seitlich von etwas
This side up!	Oben! (z. B. auf Paketen)
left [left]	links
right [raɪt]	rechts
front [frʌnt]	Vorderseite
in front of	vor, vorne
Look in front of you!	
back [bæk]	Rückseite, Hinterseite
top [tɒp]	oben, oberer Teil
at the top	oben
Which is the top?	
bottom ['bɒtəm]	unteres Ende

surface ['sɜːfɪs]	Oberfläche
These plastic boats float on the surface of water.	
inside [ˌɪn'saɪd]	innen, innerhalb, in
outside [ˌaʊt'saɪd]	draußen, außerhalb
middle ['mɪdl]	Mitte, mittlerer Teil
centre ['sentə(r)] (BE), **center** (AE)	Zentrum, Mitte
home [həʊm]	zu Hause, nach Hause
away [ə'weɪ]	weg, entfernt von
five miles away	fünf Meilen entfernt von hier
to expand [ɪk'spænd]	sich ausdehnen
expanse [ɪk'spæns]	Fläche

over ['əʊvə(r)]	über, hinüber
over there	dort drüben
under ['ʌndə(r)]	unter, darunter
The cat squeezed under the sofa.	
below [bɪ'ləʊ]	unterhalb
above [ə'bʌv]	oben, darüber
down [daʊn]	herunter, hinunter
through [θruː]	durch, hindurch
across [ə'krɒs]	gegenüber
along [ə'lɒŋ]	entlang
beside [bɪ'saɪd]	neben
between [bɪ'twiːn]	zwischen

aside [ə'saɪd]	beiseite, zur Seite
within [wɪðɪn]	innerhalb, in
beneath [bɪ'niːθ]	unter, unterhalb
Wood dust beneath a piece of furniture is a sure sign of woodworm.	
underneath [ˌʌndə'niːθ]	unterhalb
nowhere ['nəʊweə(r)]	nirgendwo
everywhere ['evriweə(r)]	überall
I can't find my keys, I have looked everywhere.	
somewhere ['sʌmweə(r)]	irgendwo
from somewhere	von irgendwo, irgendwoher
anywhere ['eniweə(r)]	irgendwo

Richtungen (Directions)

direction [də'rekʃn]	Richtung
all directions	alle Richtungen
across [ə'krɒs]	über
after ['ɑ:ftə(r)]	hinter … her
against [ə'genst]	gegen
Don't lean against the window.	
along [ə'lɒŋ]	entlang
down [daʊn]	hinunter
from [frəm]	aus, von
into ['ɪntə]	in … hinein
onto ['ɒntə]	auf ... hinauf
Sometimes our cat jumps onto the kitchen table.	

out of [aʊt əv]	aus … heraus
The pop star is just coming out of the hotel entrance.	
over ['əʊvə(r)]	über
past [pɑ:st]	vorbei
round [raʊnd]	um … herum
I can run round the school in only one minute.	
through [θru:]	durch
to [tu]	nach, zu
towards [tə'wɔ:dz]	auf … zu
The sisters are running towards each other.	
up [ʌp]	hinauf

Aufgepasst: Eine Präposition – verschiedene Bedeutungen!
Präpositionen haben immer die Funktion, das zeitliche oder räumliche Verhältnis von Personen und Dingen zueinander zu bezeichnen. Dabei kann sich die Bedeutung einer Präposition und damit auch ihre Übersetzung aber je nach Kontext ändern:

after – after Sunday → Präposition zur Angabe der Zeit: → nach Sonntag

after – The police were running after the thief. → Präposition zur Angabe der Richtung: → Die Polizei rannte hinter dem Dieb her.

11 PROFIWORTSCHATZ Sprache und Grammatik

Über Sprache reden (Talking about language)

language ['læŋgwɪdʒ]	Sprache
spoken language	gesprochene Sprache
written language	geschriebene Sprache
foreign language	Fremdsprache
mother tongue [ˌmʌðə 'tʌŋ]	Muttersprache
German is my mother tongue.	
punctuation [ˌpʌŋktʃu'eɪʃn]	Zeichensetzung
punctuation mark	Satzzeichen
sentence ['sentəns]	Satz
full stop [ˌfʊl'stɒp] (BE), **period** ['pɪərɪəd] (AE)	Punkt
question ['kwestʃn]	Frage, Fragesatz
question mark	Fragezeichen
exclamation [ekskləˈmeɪʃn]	Ausruf
exclamation mark	Ausrufezeichen

comma ['kɒmə]	Komma
semicolon [ˌsemɪ'kəʊlən]	Strichpunkt
colon ['kəʊlɒn]	Doppelpunkt
dash [dæʃ]	Gedankenstrich
hyphen ['haɪfn]	Bindestrich
to be hyphenated	mit Bindestrich geschrieben werden
apostrophe [ə'pɒstrəfɪ]	Apostroph
brackets ['brækɪts] (BE), **parenthesis** [pə'renθəsɪs] (AE)	Klammern
in brackets/parenthesis	in Klammern
inverted commas [ɪnˌvɜːtɪd 'kɒməz] (BE), **quotation marks** [kwoʊ'teɪʃn ˌmɑːrks] (AE)	An- und Abführungszeichen
to quote [kwəʊt]	zitieren
to unquote [ʌn'kwəʊt]	ein Zitat beenden
unquote	Zitat Ende

Aufgepasst: "language" und "speech"
Das Substantiv "language" wird für den deutschen Begriff „Sprache" verwendet, das englische Substantiv "speech" entspricht den deutschen Begriffen „Rede" und „Sprechweise".

direct speech [də'rekt spi:tʃ]	direkte Rede
indirect/reported speech [ˌɪndə'rekt/rɪ'pɔ:tɪd spi:tʃ]	indirekte Rede
active voice ['æktɪv ˌvɔɪs]	Aktiv
passive voice ['pæsɪv ˌvɔɪs]	Passiv
tense [tens]	Zeit
present tense	Gegenwart
past tense	Imperfekt, Präteritum
future ['fju:tʃə]	Futur
perfect ['pɜ:fɪkt]	Perfekt
present perfect	Perfekt
past perfect	Plusquamperfekt
future perfect	Futur II

simple ['sɪmpl]	einfach
progressive [prə'gresɪv]/ **continuous** [kən'tɪnjʊəs]	Verlaufs-
clause [klɔ:z]	Satz
rule [ru:l]	Regel
grammar rule	Grammatikregel
exception [ɪk'sepʃn]	Ausnahme
subject ['sʌbdʒɪkt]	Subjekt
verb [vɜ:b]	Verb
auxiliary verb	Hilfsverb
object ['ɒbdʒɪkt]	Objekt
word order ['wɜ:d ˌɔ:də]	Satzstellung

word [wɜ:d]	Wort
in other words	mit anderen Worten
noun [naʊn]	Substantiv, Nomen, Namenwort
countable ['kaʊntəbl]	zählbar
↔ uncountable	unzählbar
adjective ['ædʒɪktɪv]	Adjektiv
adverb ['ædvɜ:b]	Adverb
article ['ɑ:tɪkl]	Artikel, Begleiter

Pronomen (Pronouns)

pronoun ['prəʊnaʊn]	Pronomen
personal ['pɜːsənl] **pronoun**	Personalpronomen
I [aɪ]	ich
you [ju]	du
he [hi]	er
she [ʃi]	sie
it [ɪt]	es
we [wi]	wir
you [ju]	ihr
they [ðeɪ]	sie

myself [maɪ'self]	mich, mir (selbst)
I'm not feeling myself today.	
yourself [jɔː'self]	dich, dir (selbst)
himself [hɪm'self] / **herself** [hɜːself]/**itself** [ɪt'self]	sich (selbst)
The girl looked at herself in the mirror.	
ourselves [ɑː'selvz]	wir / uns selbst
yourselves [jɔː'selfz]	ihr / euch (selbst)
themselves [ðəm'selvz]	sich (selbst)
Our neighbours have bought themselves a new car.	

possessive pronoun [pə'zesɪv 'prəʊnaʊn]	Possessivpronomen
my [maɪ]	mein(e)
your [jɔː(r)]	dein(e)
his [hɪz]/**her** [hə(r)]/**its** [ɪts]	sein(e) / ihr(e)
The cat has hurt its tail.	
our [ɑː(r)]	unser(e)
your [jɔː(r)]	euer(e)
their [ðeə(r)]	ihr(e)
mine [maɪn]	meiner, meine, meins
yours [jɔːz]	deiner, deine, deins
his [hɪz]/**hers** [hɜːz]	seiner, seins, seins / ihrer, ihre, ihres
ours [ɑːz]	unserer, unsere, unseres
yours [jɔːz]	eurer, eure, eures
theirs [ðeəz]	ihrer, ihre, ihres

relative pronoun ['relətɪv 'prəʊnaʊn]	Relativpronomen
who [huː]	der, die, das, den
whom [huːm]	den, die, dem, der
whose [huːz]	dessen, deren
This is the woman whose husband I met yesterday.	
what [wɒt]	das, was
which [wɪtʃ]	der, die, den
that [ðæt]	der, die, das
where [weə(r)]	wo, wohin

interrogative pronoun [ˌɪntə'rɒgətɪv 'prəʊnaʊn]	Fragepronomen
who? [huː]	wer? wen?
whom? [huːm]	wen? wem?
whose? [huːz]	wessen?
Whose bicycle is this?	
what? [wɒt]	was?
which? [wɪtʃ]	welcher, welche, welches?
why? [waɪ]	warum?
how much? [haʊ mʌtʃ]	wie viel? (unzählbar)
How much sugar do you want?	
how many? [haʊ 'meni]	wie viele? (zählbar)
How many guests will you have for your party?	

demonstrative pronoun [dɪ'mɒnstrətɪv 'prəʊnaʊn]	Demonstrativpronomen
this [ðɪs]	dieser, diese, dieses (hier)
that [ðæt]	der, die, das (dort)
these [ðiːz]	diese hier (Pl.)
those [ðəʊz]	jene dort (Pl.)
These cherries here look much better than those over there.	
this one [ðɪs wʌn]	dieses da
that one [ðæt wʌn]	jenes dort
Which present do you prefer, this one or that one?	

Konjunktionen (Conjunctions)

and [ænd/ənd]	und
or [ɔː]	oder
either ['aɪðə]	entweder, auch nicht
either ... or	entweder … oder
We'll spend a week either in San Francisco or in Los Angeles.	
neither ['naɪðə]	auch nicht
neither ... nor	weder … noch
She can neither sing nor dance.	
as [æz/əz]	als, während
because [bɪ'kɒz]	weil

although [ɔːl'ðəʊ]	obwohl
though [ðəʊ]	obwohl, obschon, obgleich
even though ['iːvn 'ðəʊ]	obwohl
but [bʌt]	aber
if [ɪf]	wenn, falls
even if	auch wenn
whether ['weðə]	ob
no matter whether	egal ob
however [haʊ'evə]	jedoch, aber
unless [ən'les]	es sei denn
unless otherwise stated	sofern nicht anders angegeben

otherwise ['ʌðəwaɪz]	sonst, andernfalls
My sister lent me her car, otherwise I couldn't have come tonight.	
in case [ɪn 'keɪs]	falls
despite [dɪ'spaɪt]	trotz
in spite of [ɪn ˌspaɪt 'əv]	trotz
nevertheless [ˌnevəðə'les]	trotzdem, dennoch, nichtsdestoweniger
You might know everything already. Nevertheless, it is important that you listen.	
still [stɪl]	(und) dennoch

Richtig übersetzen

Um richtig übersetzen zu können, muss man sich bewusst machen, dass in jeder Kultur Sprache, Denken, Wahrnehmung und Wirklichkeit eng miteinander verwoben sind und dass eine Wort-für-Wort-Wiedergabe meist der falsche Weg zu einer gelungenen Übersetzung ist.

Die Verschiedenheit der Sprachen

Sprachen unterscheiden sich nicht nur in ihrer Form, sondern auch in ihrem Inventar. So gibt es in der einen Sprache Begriffe, die in der anderen Sprache gar nicht vorkommen, weil der entsprechende Gegenstand oder Sachverhalt in der betreffenden Kultur unbekannt ist oder so nicht wahrgenommen wird.

Der englische Begriff *non-food* etwa lässt sich im Deutschen nur umschreiben als „Produkte, die keine Lebensmittel sind", eine echte Entsprechung gibt es nicht, man spricht deshalb von einer 1 : 0-Entsprechung. Für viele andere Wörter wiederum gibt es genau einen treffenden fremdsprachlichen Begriff, z. B. *Germany* für „Deutschland" – man spricht dann von einer 1 : 1-Entsprechung. Und für manche Wörter gibt es in der Fremdsprache gleich zwei oder mehrere Begriffe, z. B. englisch *secret* oder *mystery* für deutsch „Geheimnis" – man spricht von einer 1 : viele-Entsprechung.

Die wörtliche Übersetzung

Wörtliche Übersetzungen führen oft zu falschen Lösungen, weil sie manchmal

- etwas völlig anderes bedeuten als das Original,
- in der Zielsprache grammatisch falsch
- oder unidiomatisch sind.

Merke: Übersetze so frei wie nötig, aber so treu wie möglich!

How are you? heißt richtig und gut übersetzt „Wie geht es dir?" (nicht: „Wie bist du?").
Die Frage *What's your name?* ist in der Übersetzung „Was ist dein Name?" im Deutschen zwar verständlich, aber nicht gut übersetzt. „Wie heißt du?" ist die bessere Formulierung.

Eigenheiten der englischen Sprache

Englische Satzstrukturen unterscheiden sich in manchen Punkten grundlegend vom Deutschen:

■ Selbstverständliche Sachverhalte werden häufig in Worte gefasst.

The tea is too hot to drink. (Der Tee ist zu heiß.)

■ Wichtige Einzelheiten stehen im Englischen meist am Satzanfang (im Deutschen eher am Satzende).

It helps against diseases ranging from cancer to the common cold.
(Es hilft gegen Krankheiten, von einer einfachen Erkältung bis hin zu Krebs.)

■ Sachverhalte werden häufig personalisiert – das Englische verwendet unpersönliche Konstruktionen nur bei wenigen (häufig formellen) Gelegenheiten.

The experiment has shown astonishing results.
(Bei diesem Experiment wurden erstaunliche Ergebnisse erzielt.)

■ Im Englischen werden Sachverhalte gerne mithilfe von Verben formuliert – häufig bei Gelegenheiten, in denen sich im Deutschen eine Nominalisierung findet.

The temperature raises as the pressure increases.
(Mit dem Ansteigen des Drucks erhöht sich auch die Temperatur.)

■ Besonders schwer zu übersetzen sind idiomatische Redewendungen – die richtige Entsprechung eines englischen Sprichworts hat im Deutschen häufig gar nichts mit dem Original zu tun.

It's raining cats and dogs. (Es gießt in Strömen.)
to make a mountain out of a molehill (aus einer Mücke einen Elefanten machen)

■ Bei Eigennamen gibt es nur manchmal eine deutsche Entsprechung.

United Nations (Vereinte Nationen)
Amnesty International (Amnesty International; nicht: internationale Amnestie)

11

Testfragen

Hier kannst du testen, wie gut du den Wortschatz beherrschst. Zu jeder Frage gibt es genau *eine* richtige Antwort. Wenn du unsicher bist oder mehr wissen möchtest, zeigen dir die Seitenverweise am Rand, wo du ausführliche Informationen findest. Die Lösungen stehen auf Seite 125.
Du kannst die Fragen auch als Lernquiz auf dein Handy herunterladen; wie das geht, steht auf der vorderen Umschlagklappe.

Basiswortschatz

↑ S. 13 **1** Welche Begrüßungsformel ist richtig, wenn man seinen Gesprächspartner nicht kennt?

☐ **a)** How are you?
☐ **b)** How do you do?
☐ **c)** Hi!

↑ S. 5 **2** Wenn man mit einer Vokabeldatei lernt, wie viele Fächer sollte diese mindestens haben?

☐ **a)** Sechs.
☐ **b)** Drei.
☐ **c)** Eins.

↑ S. 12 **3** Die Verbform für die 3. Person Singular im Simple present merkt man sich leichter mit der Eselsbrücke:

☐ **a)** *He, she, it,* das *-s* muss mit.
☐ **b)** Dritte Person: benutz 'nen Ton.
☐ **c)** Er, sie, es, ein Fall für Doppel-*s*.

↑ S. 7 **4** Wie heißt die Lernmethode, bei der man Vokabeln liest, zum Schreibtisch läuft und sie dann aufschreibt?

☐ **a)** Lernen mit Vokabelkassetten.
☐ **b)** Lernen mit Haftvokabeln.
☐ **c)** Lernen mit Schleichvokabeln.

5 Beim Vokabellernen reichen als Tagespensum ... ↑ S. 4
- ☐ **a)** 8 bis 12 Vokabeln.
- ☐ **b)** 20 bis 22 Vokabeln.
- ☐ **c)** 3 bis 4 Vokabeln.

6 Wie übersetzt man: *Freundliche Grüße an Mike?* ↑ S. 14
- ☐ **a)** Friendly greetings to Mike.
- ☐ **b)** Kind regards to Mike.
- ☐ **c)** Kindly greetings to Mike.

7 Wie ist es richtig? ↑ S. 28
- ☐ **a)** Happy Christmas!
- ☐ **b)** Lucky Christmas!
- ☐ **c)** Merry Christmas!

8 Die Wortzusammensetzung *Christmas shopping* setzt sich zusammen aus: ↑ S. 8
- ☐ **a)** *Christmas* und *shop* = Weihnachtsgeschäft.
- ☐ **b)** *christians* und *shop* = christlicher Laden.
- ☐ **c)** *Christmas* und *shopping* = Weihnachtseinkauf.

9 Wie oft sollte man beim Lernen mit der Vokabeldatei idealerweise Vokabeln aus Fach 1 üben? ↑ S. 11
- ☐ **a)** Täglich.
- ☐ **b)** Alle zwei Tage.
- ☐ **c)** Einmal pro Woche.

10 Wohin wandert beim Lernen mit der Vokabeldatei eine nicht gewusste Vokabel aus Fach 3? ↑ S. 6
- ☐ **a)** In Fach 2.
- ☐ **b)** In Fach 1.
- ☐ **c)** Sie bleibt in Fach 3.

11 *She hurried downstairs* bedeutet ... ↑ S. 31
- ☐ **a)** Sie ist die Treppe heruntergefallen.
- ☐ **b)** Sie eilte nach unten.
- ☐ **c)** Sie eilte nach oben.

↑S. 17 **12** Wenn man seine Handy-Nummer mitteilt, dann sagt man:
- ☐ a) The number of my Handy is ...
- ☐ b) Mobil you can reach me under ...
- ☐ c) The number of my mobile phone is ...

↑S. 19 **13** Wie lautet die richtige Übersetzung von *die vier Himmelsrichtungen*?
- ☐ a) the four points of the compass
- ☐ b) the four directions of heaven
- ☐ c) the four compass directions

↑S. 27 **14** *Regrettable* hat den Wortstamm ...
- ☐ a) regrett.
- ☐ b) gret.
- ☐ c) regret.

↑S. 21 **15** *That doesn't bother me* bedeutet:
- ☐ a) Das nervt mich kaum.
- ☐ b) Das interessiert mich nicht.
- ☐ c) Das ist nicht mein Bruder.

↑S. 35 **16** Wenn man zum Abendessen eingeladen wird, erhält man eine Einladung zum ...
- ☐ a) lunch.
- ☐ b) evening bread.
- ☐ c) dinner.

↑S. 24 **17** *Suggestion* steht für ...
- ☐ a) Erfolg.
- ☐ b) Vorschlag.
- ☐ c) Beeinflussung.

↑S. 26 **18** *Für etwas sein* übersetzt man mit ...
- ☐ a) to be in favour of.
- ☐ b) to object to.
- ☐ c) to resist.

19 *Ganz genau* übersetzt man mit ... ↑ S. 20

☐ a) Absolutely!
☐ b) Definitely!
☐ c) That‘s true.

20 *Good luck!* oder *Best of luck!* sind Wünsche ... ↑ S. 28

☐ a) zu Neujahr.
☐ b) für Erfolg.
☐ c) zur Genesung.

21 Welcher Oberbegriff passt zu den Vokabeln *chair, table* oder *bench*? ↑ S. 31

☐ a) rooms
☐ b) household
☐ c) furniture

22 Wofür steht das Wort *spell*? ↑ S. 14

☐ a) Vorstellen.
☐ b) Buchstabieren.
☐ c) Mitteilen.

23 Erdbeereis lagert man am besten im ... ↑ S. 32

☐ a) freezer.
☐ b) fridge.
☐ c) cellar.

24 Welcher Satzanfang eignet sich <u>nicht</u>, wenn man seine eigene Meinung ausdrücken möchte? ↑ S. 23

☐ a) I think ...
☐ b) In my opinion ...
☐ c) I find ...

25 *Cucumber* ist ... ↑ S. 36

☐ a) eine Backzutat für Weihnachtsgebäck.
☐ b) eine Gurke.
☐ c) ein Kümmelgewürz.

↑S. 37 **26** Rindersteaks brät man aus ...
- ☐ **a)** pork.
- ☐ **b)** chicken.
- ☐ **c)** beef.

↑S. 44 **27** Wenn man die Toilette sucht, fragt man nach dem ...
- ☐ **a)** closet.
- ☐ **b)** washroom.
- ☐ **c)** restroom.

↑S. 39 **28** Was macht ein Lehrer, wenn er seinen Beruf ausübt?
- ☐ **a)** He teaches.
- ☐ **b)** He learns.
- ☐ **c)** He sleeps.

↑S. 41 **29** Schauspieler und Stars tummeln sich in der Regel ...
- ☐ **a)** in a museum.
- ☐ **b)** on stage.
- ☐ **c)** on woods.

↑S. 55 **30** Welche Vokabel eignet sich nicht für *weinen?*
- ☐ **a)** to tear
- ☐ **b)** to weep
- ☐ **c)** to cry

↑S. 59 **31** Was ist die richtige Übersetzung für Schlafanzug: *pyjamas* oder *pajamas*?
- ☐ **a)** pyjamas
- ☐ **b)** pajamas
- ☐ **c)** Beides ist richtig.

↑S. 44 **32** Was gibt die Englischlehrerin nach dem Unterricht auf?
- ☐ **a)** houseworks
- ☐ **b)** homeworks
- ☐ **c)** jobs

33 Wenn man jemanden sympathisch findet, dann ist er ... ↑ S. 45
☐ **a)** likeable.
☐ **b)** sympathetic.
☐ **c)** sensible.

34 Vampire verjagt man mit ... ↑ S. 36
☐ **a)** garlic.
☐ **b)** onions.
☐ **c)** beans.

35 Sehenswürdigkeiten sind ... ↑ S. 46
☐ **a)** rights.
☐ **b)** sights.
☐ **c)** tights.

36 Wer sein Handgelenk mit einem Armband schmücken will, kauft sich ein ... ↑ S. 48
☐ **a)** wristband.
☐ **b)** armband.
☐ **c)** juwelery band.

37 Wie lautet die richtige Übersetzung? *Anton is a curious little boy.* ↑ S. 53
☐ **a)** Anton ist ein niedlicher kleiner Junge.
☐ **b)** Anton ist ein kurioser kleiner Kerl.
☐ **c)** Anton ist ein neugieriger kleiner Junge.

38 Es ist aus Metall und glänzt golden: ↑ S. 42
☐ **a)** a keybord
☐ **b)** a violin
☐ **c)** a trumpet

39 Für welches Wort gibt es unterschiedliche Begriffe im Englischen und im Amerikanischen? ↑ S. 58
☐ **a)** Hochzeit.
☐ **b)** Geschenk.
☐ **c)** Geburtstag.

↑S. 43 **40** Den Beruf des Informatikers übersetzt man mit der Vokabel ...
- ☐ a) computer freak.
- ☐ b) informatican.
- ☐ c) computer scientist.

Themenwortschatz

↑S. 57 **41** Welche Verwandte von jemand ist die Tochter der Schwester der Mutter?
- ☐ a) niece
- ☐ b) cousin
- ☐ c) aunt

↑S. 65 **42** Welchen Beruf strebt Peter an, wenn er sagt: *I want to become a physician.*
- ☐ a) Physiker.
- ☐ b) Psychologe.
- ☐ c) Arzt.

↑S. 78 **43** Als englische Entsprechung für *eine SMS versenden* verwendet man üblicherweise die Formulierung ...
- ☐ a) send a sms.
- ☐ b) call by call.
- ☐ c) to text.

↑S. 62 **44** Wie lauten der Infinitiv, das Simple past und das Past participle von *stehlen*?
- ☐ a) to steal – stealed – stealed
- ☐ b) to steal – stole – stolen
- ☐ c) to steel – steeled – steeled

↑S. 60 **45** Wer viel weiß und eine gute Ausbildung durchlaufen hat, ist ...
- ☐ a) educated.
- ☐ b) knowly.
- ☐ c) learned.

46 Will man einen Gegensatz darstellen, verwendet man ... ↑ S. 85

☐ **a)** because.
☐ **b)** whereas.
☐ **c)** at last.

47 Wenn sich zwei Streithähne wieder versöhnen, dann heißt das ... ↑ S. 63

☐ **a)** to reconcile.
☐ **b)** to be in peace.
☐ **c)** to be in love.

48 Welchen Beruf gibt es nicht? ↑ S. 65

☐ **a)** accountant
☐ **b)** seller
☐ **c)** plumber

49 *He belongs to the Labour Party* bedeutet: ↑ S. 67

☐ **a)** Er geht zur Betriebsparty.
☐ **b)** Er gehört der Labour Partei an.
☐ **c)** Er hat viel Arbeit mit der Party.

50 Das Staatsoberhaupt von Großbritannien ist ... ↑ S. 68

☐ **a)** the Monarch.
☐ **b)** the Prime Minister.
☐ **c)** the President.

51 Wie lautet der englische Begriff für *Umweltverschmutzung*? ↑ S. 74

☐ **a)** environmental pollution
☐ **b)** nature pollution
☐ **c)** nature wasting

52 Was erklingt bei internationalen Wettkämpfen zu Ehren der Sieger? ↑ S. 70

☐ **a)** The country hymn.
☐ **b)** The national song.
☐ **c)** The national anthem.

↑S. 71 **53** Der Gegensatz zu *natural* (natürlich) ist ...
- ☐ a) artful.
- ☐ b) artificial.
- ☐ c) innatural.

↑S. 95 **54** Wie spät ist es, wenn jemand sagt: *It's a quarter to five.*
- ☐ a) 17.15 Uhr.
- ☐ b) 16.45 Uhr.
- ☐ c) 17.45 Uhr.

↑S. 73 **55** Wer sagt es korrekt?
- ☐ a) Tom: My pets are mouses.
- ☐ b) Linda: I love my three mouse.
- ☐ c) Leo: Cats like mice.

↑S. 83 **56** Ein Literaturkritiker heißt im Englischen ...
- ☐ a) literary critic.
- ☐ b) literary character.
- ☐ c) literary interpreter.

↑S. 69 **57** Das Staatsoberhaupt der Vereinigten Staaten von Amerika ist ...
- ☐ a) the Queen.
- ☐ b) the Prime Minister.
- ☐ c) the President.

↑S. 79 **58** Die Vokabel *note* steht unter anderem für ...
- ☐ a) Schulnote.
- ☐ b) Feststellung.
- ☐ c) Notiz.

↑S. 77 **59** Touristen suchen oft nach kunsthandwerklichen Mitbringseln. Was muss auf dem Ladenschild stehen?
- ☐ a) handwork
- ☐ b) craft
- ☐ c) handmake

60 Das Gegenteil von *dark* (dunkel) ist ... ↑ S. 76

☐ **a)** bright.
☐ **b)** light.
☐ **c)** sunny.

61 Welche Übersetzung für *We read a book* ist falsch? ↑ S. 79

☐ **a)** Wir lesen ein Buch.
☐ **b)** Wir hatten ein Buch gelesen.
☐ **c)** Wir lasen ein Buch.

62 Welche Farbe ist nicht im Regenbogen enthalten? ↑ S. 74

☐ **a)** purple
☐ **b)** grey
☐ **c)** orange

63 Wenn man in Referaten zitiert, dann vermerkt man den Passus mit ... ↑ S. 84

☐ **a)** solution.
☐ **b)** paragraph.
☐ **c)** quotation.

64 In welcher Jahreszeit feiern die Amerikaner *Thanksgiving*? ↑ S. 93

☐ **a)** spring
☐ **b)** winter
☐ **c)** autumn

65 Was gilt für das Schreiben eines Sachtextes? ↑ S. 86

☐ **a)** Verwende keine Umgangssprache.
☐ **b)** Verwende keine Fremdwörter.
☐ **c)** Verwende keine Aufzählungszeichen.

66 Nach einmal und zweimal folgt im Englischen ... ↑ S. 88

☐ **a)** threeth.
☐ **b)** three times.
☐ **c)** third.

↑S. 91 **67** Das Längenmaß *kilometre* verwendet man im ...
- ☐ **a)** American English.
- ☐ **b)** British English.

↑S. 92 **68** *Ounces* ist in vielen englischsprachigen Ländern ein ...
- ☐ **a)** Flächenmaß.
- ☐ **b)** Längenmaß.
- ☐ **c)** Gewichtsmaß.

↑S. 85 **69** Wenn man argumentiert, dann formuliert man erstens und zweitens mit ...
- ☐ **a)** firstly and secondly.
- ☐ **b)** first and twice.
- ☐ **c)** one and two.

↑S. 94 **70** Alle Wochen- und Feiertage schreibt man im Englischen ...
- ☐ **a)** groß.
- ☐ **b)** klein.

↑S. 72 **71** Was wird am Muttertag häufig verschenkt?
- ☐ **a)** butterfly
- ☐ **b)** twig
- ☐ **c)** bouquet

Profiwortschatz

↑S. 8 **72** Die Wörter *unkind, kindness* und *kindly* ...
- ☐ **a)** haben die gleiche Wortstammbedeutung.
- ☐ **b)** sind alles Substantive.
- ☐ **c)** sind Wortzusammensetzungen.

↑S. 44 **73** Welches Wortpaar ist als *false friends* (falsche Freunde) nicht richtig übersetzt?
- ☐ **a)** fabric – Fabrik
- ☐ **b)** discussion – Diskussion
- ☐ **c)** drama – Drama

74 Die Wörter *although, otherwise, and* und *still* sind ... ↑ S. 107

- ☐ **a)** conjunctions.
- ☐ **b)** pronouns.
- ☐ **c)** prepositions.

75 Wenn eine Mutter ihre Tochter auffordert, sich bei jemanden für getanes Unrecht zu entschuldigen, sagt sie: ↑ S. 16

- ☐ **a)** Go and apologize yourself!
- ☐ **b)** Go to excuse you!
- ☐ **c)** Go to sorry yourself.

76 Wenn von *to unquote* die Rede ist, dann bedeutet das ... ↑ S. 103

- ☐ **a)** nicht wählbar.
- ☐ **b)** eine Wahl abbrechen.
- ☐ **c)** ein Zitat beenden.

77 Wenn sich jemand bedankt, kann man *Gern geschehen! / Keine Ursache!* übersetzen mit ... ↑ S. 15

- ☐ **a)** No reason.
- ☐ **b)** No problem.
- ☐ **c)** You're welcome.

78 Wie lautet eine gebräuchliche englische Entsprechung für die Formulierung: *Es gießt in Strömen.* ↑ S. 109

- ☐ **a)** It's raining in rivers.
- ☐ **b)** It's raining cats and dogs.
- ☐ **c)** It's streaming.

79 Wenn man am Telefon sagt: *Hier spricht Tom*, übersetzt man dies im Englischen so: ↑ S. 18

- ☐ **a)** Here is Tom.
- ☐ **b)** This is Tom speaking.
- ☐ **c)** Hello, Tom speaks here.

↑S. 19 **80** Wie ist die richtige Bezeichnung für *Kreisverkehr* im American English?
- ☐ a) roundabout
- ☐ b) traffic round
- ☐ c) traffic circle

↑S. 25 **81** Das Wort *think* ist ...
- ☐ a) je nach Aussprache mehrdeutig.
- ☐ b) in vielen englischen Phrasen enthalten.
- ☐ c) nicht konjugierbar.

↑S. 56 **82** Was heißt *Geschwister* auf Englisch?
- ☐ a) sisters
- ☐ b) children
- ☐ c) Es gibt keine wörtliche Entsprechung.

↑S. 34 **83** *BBQ* steht im Amerikanischen für ...
- ☐ a) einen Fernseh- und Radiosender.
- ☐ b) ein berühmtes College.
- ☐ c) ein Grillfest.

↑S. 47 **84** Welche Bezeichnung für einen LKW ist in England üblich?
- ☐ a) streetcar
- ☐ b) truck
- ☐ c) lorry

↑S. 51 **85** *To lie* und *to lay* stehen für ...
- ☐ a) liegen und lügen.
- ☐ b) liegen und legen.
- ☐ c) legen und lügen.

↑S. 89 **86** Die Null wird im Englischen je nach Verwendung unterschiedlich gesprochen. In der Mathematik sagt man ...
- ☐ a) o.
- ☐ b) nil.
- ☐ c) zero.

87 Die Vokabel *can-opener* für das Wort Dosenöffner verwendet man im ... ↑S. 33

☐ **a)** British English.
☐ **b)** American English.

88 Das Colloquial English verwendet anstatt von *influenza* (Erkältung) den Begriff ... ↑S. 81

☐ **a)** fluenza.
☐ **b)** influ.
☐ **c)** flu.

89 Wie drückt ein Amerikaner aus, dass er etwas per Post verschicken wird? ↑S. 82

☐ **a)** by post
☐ **b)** by mail
☐ **c)** per post

90 Wenn man bei einer Berufsbezeichnung das weibliche Geschlecht besonders hervorheben will, ... ↑S. 66

☐ **a)** stellt man ein *woman* davor: woman teacher.
☐ **b)** hängt man *-es* an: teacheres.
☐ **c)** stellt man *she* voran: she teacher.

91 Wie teilt man einem Engländer mit, dass die eigene Muttersprache Deutsch ist? ↑S. 103

☐ **a)** German ist my mother language.
☐ **b)** German ist my mother tongue.
☐ **c)** German ist my home speech.

92 Wie werden im Englischen höhere Bruchzahlen ausgesprochen? ↑S. 90

☐ **a)** Mit der Formulierung devided.
☐ **b)** Mit der Formulierung fraction.
☐ **c)** Mit der Präposition over.

↑S. 91 **93** Jedes Quadrat ist auch ein ...
- ☐ **a)** triangle.
- ☐ **b)** rectangle.
- ☐ **c)** cube.

↑S. 105 **94** Die Konjunktion *trotzdem* übersetzt man mit ...
- ☐ **a)** nevertheless.
- ☐ **b)** otherwise.
- ☐ **c)** against.

↑S. 97 **95** Verben, die mit einer Präposition oder einem Adverb eine andere Bedeutung erhalten, nennt man ...
- ☐ **a)** phrasal verbs.
- ☐ **b)** paraphrases.
- ☐ **c)** false friends.

↑S. 98 **96** Umgangssprachlich bedeutet *to get over with* ...
- ☐ **a)** mitkommen.
- ☐ **b)** herübergehen.
- ☐ **c)** hinter sich bringen.

↑S. 89 **97** Auch englische Schüler müssen Mathematikaufgaben lösen. Wie lautet *Wurzel aus 5*?
- ☐ **a)** square root of 5
- ☐ **b)** root of 5
- ☐ **c)** 5 squared

↑S. 104 **98** Das englische Substantiv *speech* steht für ...
- ☐ **a)** Sprache.
- ☐ **b)** Rede.
- ☐ **c)** Dialekt.

↑S. 96 **99** Worin besteht der Unterschied in der Verwendung von *while* (während) und *whereas* (während)?
- ☐ **a)** Beide sind beliebig austauschbar.
- ☐ **b)** Whereas kann nur einen Gegensatz darstellen.
- ☐ **c)** While steht nur für den zeitlichen Verlauf.

Lösungen

Basiswortschatz

1 b)	21 c)
2 b)	22 b)
3 a)	23 a)
4 c)	24 c)
5 a)	25 b)
6 b)	26 c)
7 c)	27 c)
8 c)	28 a)
9 a)	29 b)
10 b)	30 a)
11 b)	31 c)
12 c)	32 b)
13 a)	33 a)
14 c)	34 a)
15 b)	35 b)
16 c)	36 a)
17 b)	37 c)
18 a)	38 c)
19 a)	39 b)
20 b)	40 c)

Themenwortschatz

41 b)	57 c)
42 c)	58 c)
43 c)	59 b)
44 b)	60 a)
45 a)	61 b)
46 b)	62 b)
47 a)	63 c)
48 b)	64 c)
49 b)	65 a)
50 a)	66 b)
51 a)	67 b)
52 c)	68 c)
53 b)	69 a)
54 b)	70 a)
55 c)	71 c)
56 a)	

Profiwortschatz

72 a)	86 c)
73 a)	87 b)
74 a)	88 c)
75 a)	89 b)
76 c)	90 a)
77 c)	91 a)
78 b)	92 c)
79 b)	93 b)
80 c)	94 a)
81 b)	95 a)
82 c)	96 c)
83 c)	97 b)
84 c)	98 b)
85 b)	99 b)

Bibliografische Information der Deutschen Nationalbibliothek
Die Deutsche Nationalbibliothek verzeichnet diese Publikation in der Deutschen Nationalbibliografie; detaillierte bibliografische Daten sind im Internet über http://dnb.ddb.de abrufbar.

2., aktualisierte und erweiterte Auflage

Redaktionelle Leitung Heike Krüger-Beer
Redaktion Dr. Katrin Zuschlag
Autoren Birgit Hock, Marion Krause
Konzeptionelle Beratung Elisabeth Schmitz-Wensch

Herstellung Annette Scheerer
Typografisches Konzept Horst Bachmann
Illustrator Peter Lohse, Büttelborn
Umschlaggestaltung Michael Acker

Satz Robert Turzer, Tübingen
Druck und Bindung Offizin Andersen Nexö Leipzig GmbH
Printed in Germany

F E D C B A

ISBN 978-3-411-72632-5

Die besten Vokabellerntipps

1 Vokabeln **regelmäßig** lernen

Weniger ist manchmal mehr – es ist besser, sich täglich 15 Minuten dem Lernen von Vokabeln zu widmen als am Tag vor der Klassenarbeit drei Stunden zu lernen.

2 Vokabeln **strukturiert** lernen

Vokabeln lernen sich leichter, wenn sie thematisch geordnet sind. Lerne am besten zuerst den Oberbegriff (z. B. living room für Wohnzimmer), dann die zugehörigen Unterbegriffe (sofa, table, picture, chair, carpet etc).

3 Vokabeln **aktiv** lernen

Je größer die Bandbreite der Methoden ist, die beim Vokabellernen zum Einsatz kommen, desto größer ist der Lernerfolg: Ein Wort, das du nicht nur schreibst, sondern z. B. auch unter Zuhilfenahmen von Kassetten hörst, aktiviert unterschiedliche Bereiche im Gehirn und wird so besser behalten.